文治堂

文治堂

改变世界经济地理的

The Belt and Road Initiatives

刘伟 主编

一带一路

葛剑雄 胡鞍钢 林毅夫 等 撰文
乔 良 汤 敏 瞿振元

上海交通大学出版社
SHANGHAI JIAO TONG UNIVERSITY PRESS

光明讲坛 光明日报

内容提要

　　建设丝绸之路经济带和 21 世纪海上丝绸之路(简称"一带一路")是以习近平同志为总书记的党中央为进一步提高我国对外开放水平而提出的重大战略构想。本书基于《光明日报》"光明讲坛"有关"一带一路"系列讲座内容整理而成,葛剑雄、胡鞍钢、林毅夫、乔良等国内知名的十三位学者和专家共同撰写,从国家政治、历史、经济、军事、外交、文化、科技、法律等角度,全面解读"一带一路"战略及其所带来的影响。

图书在版编目(CIP)数据

改变世界经济地理的"一带一路"/葛剑雄,胡鞍钢,林毅夫等撰文—上海:上海交通大学出版社,2015〔2023重印〕

ISBN 978－7－313－13313－7

Ⅰ.①改⋯　Ⅱ.①葛⋯　Ⅲ.①区域经济合作–国际合作–研究–中国
Ⅳ.①F125.5

中国版本图书馆 CIP 数据核字(2015)第 217289 号

改变世界经济地理的"一带一路"

撰　　文:葛剑雄　胡鞍钢　林毅夫　等
出版发行:上海交通大学出版社　　　　　地　　址:上海市番禺路 951 号
邮政编码:200030　　　　　　　　　　　电　　话:021－64071208
印　　制:上海天地海设计印刷有限公司　经　　销:全国新华书店
开　　本:710mm×1000mm　1/16　　　印　　张:14.75
字　　数:170 千字
版　　次:2015 年 9 月第 1 版　　　　　　印　　次:2023 年 8 月第 7 次印刷
书　　号:ISBN 978－7－313－13313－7
定　　价:39.00 元

前　言

去年 7 月，在《光明日报》上海记者站的撮合下，《光明日报》讲坛版与上海交通大学出版社合作，开办了光明·元济讲坛。首次讲座邀请上海交通大学法学院院长季卫东和上海交通大学东京审判研究中心主任程兆奇以"东京审判是文明的审判"为题，解读这场世纪大审判。《光明日报》讲坛版整版刊出后，众多网站也予以转载，反响相当好。

今年上半年，我在上海出差时，再次拜访上海交通大学出版社，商谈进一步办好光明·元济讲坛，以及在出版方面深入合作。

不久，该社常务副总编辑刘佩英给《光明日报》讲坛版主编刘茜打来电话说，最近他们看到《光明日报》的"光明讲坛"版连续刊登了多位学者有关"一带一路"的演讲，内容都不错。出版社建议，尽快把这些学者的演讲结集，出一本书。

我们商量以后，欣然同意。

上海交大出版社很善于抓重大社科文化类和社会热点选题。比如遑遑 80 卷本的《远东国际军事法庭庭审纪录》和 50 卷本的《远东国际军事法庭证据文献集成》等就是该出版社承担的国家级出版项目。去年，他们策划出版了《平易近人——习近平的语言力量》一书，内容好，销量好，社会反响也很好。这一次，他们又敏锐地看中了《光明日报》讲坛版有关"一带一路"的系列文章。

"一带一路"是习近平主席提出的中国发展战略构想，对实现中华民族伟大复兴来说，具有重大的现实意义。甫尔提出，便反响强烈。国防大学的乔良认为"这是迄今为止中国最好的大国战略"。清华大学的胡鞍钢则评价"一带一路，从经济学的视角看，是一场规模宏大的经济革命，从重塑中国经济地理到重塑世界经济地理；从国际关系的视角看，开启了一个共赢主义的时代"。韩国记者在采访胡鞍钢教授时提出，有观点认为这是中国版"马歇尔计划"，胡教授回答说：中国的"一带一路"建设，也可以称之"中国计划"或"习近平计划"，但这不是"马歇尔计划"。后者只面向发达国家，而前者主要是面向发展中国家，兼顾发达国家，它向所有国家开放，互利共赢。

《光明日报》是中共中央主管主办的全国性大报，从1949年6月创办以来，我们一直秉承的办报方针是：主要面向知识界，报道知识界，报道知识界专家学者。

光明讲坛是《光明日报》的一个品牌栏目，创办于2006年。每周一个版，专门刊登专家学者的演讲和学术讲座稿。这个版也沾了《光明日报》特殊品质的光，但凡编辑约知名学者就某一专题作个演讲，无不欣然应允；编辑有时看到知名学者的演讲信息，觉得本报可以采用，打个电话或是发个邮件，基本可获赐稿。

学者声名愈显赫，对学术态度愈是认真。比如，我看到汤敏和林毅夫有个关于"一带一路"的演讲，观点新颖。汤敏提示"一带一路"沿线国家经济、政治、法律、社会差别巨大，存在风险，还有可能因挑战国际秩序引发大国战略冲突，如何处理好这些关系事关重大。林毅夫则认为"一带一路"以基础设施建设和产业转移为主要抓手的发展合作新模式，对国际发展有很大意义。汤敏是著名的经济学家，国务院参事，我和他同在"清华—哈佛班"学习过。于是我给汤敏打电话，向他约稿。次日即将修改稿发给我。以前向林毅夫和这次向胡鞍钢约稿，他们好几次都是在旅途中发来邮件，以商榷的口吻认真地提出某段要修改，有时为某个词、某个字还专门发来邮件。

　　张元济，现代中国出版事业的奠基人，上海交通大学出版社前身南洋公学译书院的首任掌门，商务印书馆创始人，也担任过上海交通大学第二任校长。2007 年 12 月 15 日的《光明日报》曾发表"张元济，在出版中安身立命"，对这位文化大家有长篇报道。当然，此前此后涉及张元济的报道也为数不少。

　　《光明日报》与上海交通大学出版社共同举办光明·元济讲坛还是有些历史渊源的。

　　日本侵略中国，除了残忍的军事打击，还实施了"文化灭绝"战术。1932 年，日军飞机专门轰炸了上海商务印书馆总部和东方图书馆，所有 46 万册藏书以及无数善本孤本古籍化为灰烬。日寇对我中华所犯之罪，千夫戟指，莫不痛贯心肝。80 多年后，光明·元济讲坛首次以"东京审判"为题开讲，张元济的后来人历数日寇罪行，也算是对元济先生的一种告慰。

　　早在共和国成立之始，新中国领袖诚邀张元济赴京参加第一次全国政协会议。开幕前的 9 月 24 日，《光明日报》记者谢公望专程拜访张元济，问及张元济先生的身世及对新政府的感想，张元济赠给谢公望《刍荛之言》、《新治家格言》及《奇女吟》各一册，并嘱咐他说，如果要将采访内容登报，"请先以稿本见示"。这段与《光明日报》的直接交集，记述在张元济的日记中。

　　这次《光明日报》与上海交通大学合作出书，是对中国一批知识分子观点的展示，我相信这本集子同样会产生良好的社会效果。

　　"一带一路"，既把中国传统文化理念的"和"带给世界，也把中国传统的经济理念"互利共赢"奉献给世界……

　　"一带一路"，如何向前走？上百个国家如何接招？对世界政治格局、经济格局将产生什么影响？等等。读者诸君请翻开此书，且看学者专家怎么说。

《光明日报》副总编辑　刘　伟

2015 年 8 月 1 日

目 录

丝绸之路

历史地理背景和未来思考

葛剑雄

第十二届全国政协委员会常委,复旦大学资深教授,教育部社会科学委员会历史学部委员,上海市历史学会副会长,上海市政府参事。

"丝绸之路"概念的由来

谈到"丝绸之路",我们首先应该了解它的历史事实,同时需要了解古代产生这么一条"丝绸之路"的原因,这与当时所处的历史条件关系密切。马克思历史唯物论有一个基本的概念:任何一种文化、思想,包括宗教、政治、科学等活动,它的基础都是当时人们的吃喝住穿,即物质条件。特别是在人们的生产水平很低、科学技术不发达的情况下,任何活动都受到当时地理环境的严重制约。所以,我们必须了解当时的地理环境,不仅是当时的自然地理环境,还要了解当时的人文地理环境。

一般认为"丝绸之路"这个概念,它包括从中国内地的洛阳、长安,向西穿过河西走廊,到河西走廊终端敦煌这一带,然后分成三路:一路是往北向天山乌鲁木齐这一路走;中间一路从吐鲁番往西,沿着新疆南缘、和田到中亚地带,汇总起来向西,从中亚到西亚到波斯(即伊朗)再到欧洲;还有一路在今天帕米尔高原往南进入巴基斯坦、印度。有了"丝绸之路"的概念以后,国内一些学者把它移到其他的交通路线上,比如"西南丝绸之路"、"南方丝绸之路"、"北方丝绸之路"、"草原丝绸之路"等,但这些都不是世界通用的概念。问题是这些路线为什么都要放上"丝绸之路"这个名称？ "丝绸之路"这个名称到底怎么来的？ 很多朋友不知道，以为我国自古以来就有这个名称，而且往往混淆了概念。 我们现在讲的"丝绸之路"，不是一般的道路，不是一般的交通线，而是有它特定的概念。 这个概念谁提出的？ 是德国的地理学家李希霍芬。 他在 19 世纪 60 年代到中亚、中国西部这一带进行地理考察，大约 3 年多时间。 考察过程中也参考了中国的历史记载。回去后，他于 19 世纪 70 年代后期在德国出版了他的研究成果。 其中他提出，在公元 2 世纪，存在着一条从洛阳长安到中亚撒马尔罕的商道，这条商道上的主要物流是丝绸，是从中国输出丝绸到中亚、西亚，最终到达欧洲。 因为这条路上主要运送的物流是丝绸，影响最大的也是丝绸，所以他将之命名为"丝绸之路"。 因此，中国的《二十四史》、《四库全书》或者 1870 年以前世界其他有关中国的书上，是找不到"丝绸之路"这个名称的。

"丝绸之路"由各国人民共同开辟

这条路是谁开的呢？ 2015 年 3 月，国家三部委发表的愿景里面讲得很好，"2 000 多年前，亚欧大陆上勤劳勇敢的人民，探索出多条连接亚欧非几大文明的贸易和人文交流通路，后人将其统称为'丝绸之路'。 是促进沿线各国繁荣发展的重要纽带，是东西方交流合作的象征，是世界各国共有的历史文化遗产。"我们有很多证据证明，这条路本身早就有了。 比如商朝的妇好墓中发现了一些玉器，经鉴定是和田玉、昆仑玉。 它能葬在商朝的墓葬里面，说明商朝（即公元前 17 世纪到公元前 11 世纪）就有这条路了。 三千多年前，有人把玉石运到今天的河南，没有道路怎么行呢？ 还有更早的证据，都说明这条路早就存在。 另一方面，今天的新疆，历史上不仅有来自中原对它的影响，也有来自西方的影响。 比如在新疆发现的古尸，一看就是白种人，有的肯定是来自欧洲的。 所以，季羡林先生曾经讲过，中亚这个地方处在东西文化交流的一个节点上。 这里当然是有道路的，无论是古人利用天然的道路，还是他们自己开的路，道路是本身存在的。

李希霍芬指的"公元 2 世纪"，就是指西汉的张骞通西域。 但是张骞通西域本身并不是为了物资的交流，或是为了输出中国的丝绸，或是为了对外贸易。 他是出于政治和军事的目的。 因为在这以前，匈奴对汉朝曾经造成巨大的威胁。 西汉开国的时候，匈奴甚至可以威胁到西汉的首都长安。 随着汉朝实力的恢复，特别是到了汉武帝时候，汉朝终于有能力对匈奴发动全面反击。 但是匈奴以骑兵为主，机动性、突然性强，汉朝需要防守从辽东到黄河西面的漫长边境，往往顾此失彼。 所以汉武帝想要彻底消灭匈奴的有生力量。 他获得情报，原来在祁连山的两个民族，其中一个叫月氏，在匈奴的压迫下西迁到今天的阿富汗这一带，称为大夏。 由于大夏与匈奴是世仇，汉武帝就想联络大夏，让

张骞出使西域雕塑

大夏从西面进攻匈奴，汉朝在东面，两路夹击来打败匈奴。 汉武帝招募使者代表汉朝出使西域，张骞应募。 一离开汉朝的控制区，张骞就被匈奴人扣留了，一扣扣了十年。 但是张骞始终不忘记他的使命，一有机会逃脱，他不是逃回他的家乡，逃

回汉朝，而是继续他的使命，最后终于跑到大夏。但是他的政治使命、军事使命都没有完成。因为大夏国王在那里过得很舒服，比他在祁连山的地方要大，国力要强，不愿意再与匈奴作战了，所以《史记》里面描述张骞的使命"不得要领"，后来形成了"不得要领"这个成语。张骞"不得要领"，就回来了。回来路上又被匈奴扣留。这次他很快逃脱，回到汉朝。尽管他没有完成汉武帝给他的使命，但是他回来的汇报、他的亲身经历以及他在那里的见闻，又引起汉武帝巨大的兴趣。那时军事形势发生了根本性的变化。汉朝已经击败了匈奴，通向西域的大门已经打开，河西走廊已在汉朝的控制之下。从长安出发走河西走廊可以直接走到西域。所以，张骞又第二次奉命出使。这一次他浩浩荡荡好几百人，带了很多副手。因为，他知道，靠他一个人，是到不了他所知道的西域各国的。他到了西域后，分别让他的副手到各个国家去，并携带了大量的礼品。根据当时的概念，汉武帝认为，他是天下共主、最高统治者，所以他要吸引他们到中原来，就带了很多礼品，其中就有丝绸，丝绸也便于携带。那时，西域还没有丝绸，只有汉朝有丝绸。但这些丝绸带出去，不是去做贸易的，而是作为礼品赏赐的。随着张骞和他的副使出使，使大批中亚国家和当地的民族都体会到丝绸的美丽、珍贵，又通过商人扩大了丝绸对中亚、西亚的贸易。所以，李希霍芬将之命名为"丝绸之路"。

从此以后，汉武帝不断派使者去西域。其中有一些使者，动公家脑筋。从汉朝国库领取的是免费赠送的礼品，但到了他手里，到了西域，往往大部分自己留下来当作商品卖掉营利，在客观上扩大了贸易量。但光有这些行动，是不可能真正形成丝绸之路的。最主要的还是因为中亚、波斯、罗马帝国对丝绸有强烈的需求，物以稀为贵。当时这样好的丝绸产品只有汉朝才有，别人没有。罗马人有钱，但是从其他地方得不到丝绸。据说当时丝绸的价格比黄金还贵。当时能穿上丝绸衣服，带上一个丝绸的装饰品，代表着身价不凡。罗马人除了辽阔的国土、丰富的物产，还有经商的传统。所以，既有强劲的需求，又有很强的购买力，这样这条商路才有源源不断的强劲动力。因此，这条商路并不是汉朝有意去建立或者推动的，丝绸之路也不是中国主动去输出丝绸，丝绸之路上各族人民也缺乏物资的交流。

建丝绸之路也要考虑外界因素

今天我们要建"一带一路"，要考虑外界因素。比如说我们与哈萨克斯坦、吉尔吉斯斯坦，他们是不是有与我们同样的积极性、同样的愿望、同样的利益，这是我们需要考虑的。不要以为，历史上有"丝绸之路"，我们今天就一定也能建得起这样一条路来，或者我们就完全可能建成丝路经济带。这样去看历史，就可能产生误读。我们今天的情况完全不同。中国历来都自认为是"天下之中"，对外没有需求。但今天不是这样。历史上我们也不是主动去利用丝绸之路的。中国不但是在丝绸之路上，而且在海上贸易上，都没有得到主要的好处。今天我们要建"一带一路"，就不能再做这样无效的输出。所以，我们要考虑怎样使对方能够积极响应，并且能够有持续的动力，对此我们要有相应的对策。

比如说，前几年我们与哈萨克斯坦联合签了协议，建立中哈边贸城。我们这边都建好了，那边基本还没有动。为什么？他们有他们的考虑。吉尔吉斯斯坦也有类似的情况。我们从喀什到边境，到了我们界碑的地方已经海拔 3 400 米高了，下面还是秋天，那边却不停地在下雪。 一过界碑，中间还要翻过几座山口，过去 100 多公里都是无人区，全是高山峻岭。 那让他们怎么与你边贸呢？ 我 2003 年去的时候看到我们开过去的集卡都装得满满的，其中相当一部分是家电，甚至还包括家具。 你运过去，他们什么都要。 但是回来的车上没有东西。 那怎么叫做贸易呢？ 就算是哈萨克斯坦盛产棉花，但他是谁给的价高就卖给谁，不一定就全卖给中国；有油气，但油气都用管道的；还有一些矿产，但也不是边贸的货物。 所以，要使人家有积极性，你要有相应的措施。 习近平主席在博鳌亚洲论坛上，他强调的是双方要互利双赢，建立利益共同体。 怎么真正使人家有这个需求？ 这不是很容易建设的。比如说巴基斯坦，习近平主席去，我们签了那么多单，比如核电站，光这个我们看到报道是 150 亿美元。 但是如果自己的经济长期发展不起来，都依靠基础设施，那么这个能不能持久呢？ 所以，经济带肯定不是单方面的事，而是双边、多边的。 所以，我们今天说建这个经济带，不能简单地重复历史上丝绸之路的史实。

丝绸之路通少断多，国家实力是丝路畅通的保障

丝绸之路，并不是始终畅通的，甚至断的时间比通的时间还长。 对中亚来说，什么时候中原政权能够牢牢地控制中亚，这条路的畅通才有保证。 否则，它往往只能成为区域的、局部的交通，而不是一条贯通东西的大道。 根据史料的记载，公元前 60 年，西汉就在今天的新疆和中亚这一带大概 200 万平方公里左右的地方设置了西域都护府，这是新疆归属中国的第一个标志。 但我们还要注意到，尽管西汉拥有了这个地方的

主权，但是并没有像在内地一样，建立郡、县这样常规性的行政管辖制度。原因是从中原到那里的交通线太长，行政成本太高。比如汉朝派个官员到今天新疆的焉耆（因为西域都护府经常设在那里），路途遥远，还没到，说不定路上就出问题了。而且当时没有任何信息传播的手段，等到报回来，可能事情早就过去了。所以，西汉只能在那里实行一种监护式的统治。那么大地方，汉朝在那里只派几千个士兵和一批官员。这几千个士兵还得自己种田，因为不可能保证他们的粮食供应。这一点人怎么统治呢？依靠中央政府的权威和在那里的官员的胆略。

新疆特殊的地理条件，没有办法实行像内地那样层级很明显的行政管理。当时西域一开始有36国，后来有50—60国。为什么会分那么多国？因为很多地方都是一个个完全不相联系的绿洲。飞机上看，新疆像个大沙盘，到处是高原、戈壁、沙漠，有的地方一块块绿的或者发黑的，就是那里有水，那么就可以种庄稼，成为居民点，就是绿洲。绿洲有大有小，大的可能住几万人，小的只有一两百人，古代就是一个大国、一个小国。比如西域最大的国——"乌孙"有30万人口，最小的国只有100多人。各国互相之间的距离非常远，中间全是无人区。如果他们之间有了什么纠纷，就调停一下，实在不行，也是在附近调动那些小国的兵力加以管辖。有了灾害，也是自己自力更生，最多在附近给予救济，不可能依靠大后方。只能采取这样一种很松散的统治方式。这种统治方式，做得好可以取得良好的效果，但如果国力衰退，再加派去的官员无能，这个局面就维持不下去。西汉末年，王莽篡汉，西域都护府撤销。东汉建立后，平定了内部割据势力，稳定以后又建立西域都护府，但改了名字。东汉两百年内，西域都护府或西域长史府三通三绝，不是一直延续的。东汉之后，也是断断续续。

如果汉朝能够控制住西域，那么这条路线是畅通的；如果他控制不住，就不一定了。李希霍芬所定义的"丝绸之路"，并不是指西汉东汉全部时间，而是指前面这段政权稳固的时间，他认为是标准的丝绸之路。东汉以后也是这样。比如说北魏，它统一了北方，后来又从平城迁都洛阳，这时候它一直控制着西域，所以外贸很发达，来自大秦国的商人可以带着大批货物到这里来。但是如果战乱重起，那么不仅洛阳衰弱，这条路沿途都衰弱了，或者根本就不通了。到了唐朝初年，唐朝控制了中亚。当时唐朝在中亚这一带有一个行政军事中心，就是碎叶城。这是唐朝当时在西域很重要的一个据点，相当于现在大军区的一个司令部就设在那里，民政系统也设在那里。唐朝控制那么大地区，这个道路是其政权内部的交通要道，通过要道出去，当然是畅通的。但这个状况时间不长。唐朝安史之乱以后，唐朝的军队东撤去对付安禄山、史思明。这样一来，西域空虚。首先藏族的祖先吐蕃人扩张，占了今天新疆这一带，连河西走廊都占了。接下来，原来在蒙古高原的回鹘人西迁，迁到了塔里木河流域，回鹘人与当地民族结合以及吸收了其他人，形成了今天的维吾尔族。而吐蕃人又从新疆、河西走廊退出。以后阿拉伯东扩，把伊斯兰教传到新疆。这种情况下早就不存在从内地长安到中亚的丝绸之路了。到了明朝时候，明朝初年还控制过哈密，在那里建立了一个军事卫所，但是到了明朝中期，已经退到嘉峪关，连今天敦煌、玉门关这一带都到不了。

后期海运承载了主要贸易

到了 9 世纪，阿拉伯人通过海上，一直绕到广州、泉州、宁波、扬州。海上运费便宜，且以前陆路只有丝绸值得长途贩运，到了海上开通，尽管我们还是用丝绸之路的名称，但实际上已经不是以丝绸为主了。中国的陶瓷产品，大多是走海路。海上运的，不但有丝绸，还有其他商品，如比较粗糙的纺织品、工艺品、陶瓷、茶叶等，什么都可以运。到了唐朝，陆上的丝绸之路其实已经没有什么价值了。到了宋朝，西面又产生了一个西夏，西面过不去了，海上交通已经比较发达，陆上还有什么必要过去呢？到了南宋，更不用说了，北方又有女真人金朝，宋朝只到秦岭淮河。元朝时，倒是都通了，但是即使是元朝，今天的新疆特别是南疆，都不在元朝统治下，而是在察合台汗国的统治下。元朝时，的确交通比较发达，除了海上以外，陆上也通，毕竟大家都是在蒙古人统治下。除了我们比较熟悉的马可·波罗，还有阿拉伯人伊本·白图泰等，都有记录留下来。从他们的记录可以看到，他们进来的路线都是不同的。哪个地方方便，就从哪里进来，有的海上，有的陆上。这说明当时的人际交流以及当时的物资交流都很发达。元朝时已经多元了，不是传统意义的丝绸之路了。到了明朝，又倒退了。明朝中期只控制到嘉峪关，西面是吐鲁番和其他一些政权，出嘉峪关都要得到批准，一般商人根本无法出去，那时更多的是一种西部地区之间的贸易。真正新疆重新由中原政权控制并管理，是到清朝，而且也不是 1644 年，是到 1759 年，乾隆最后平定天山南麓，才最后形成这么一个统一的拥有 1 300 多万平方公里的辽阔疆域。但是到那个时候，主要的贸易已经都走海上了，这里的路线已经没有多少作用了。

这就是为什么习近平主席讲到新疆问题时，要让大家对它的长期性和复杂性有充分的认识。实际上，从安史之乱即公元 755 年一直到乾隆二十四年即公元 1759 年，1004 年的时间里，中央政府、中原政权是管不了新疆的。 在此期间它一直是相对独立的一个政权。 这个情况，我们以前的历史都不讲，大家都有误解。 就在这个期间，新疆皈依了伊斯兰教。 所以它复杂，与其他地方都不同。 西藏尽管是从十三世纪中叶才归元朝中央政权统治。 自从清朝满族与蒙族结盟以后一起入关（实际上入关不单是满族人，还包括蒙族人），也是一直延续下来。 所以，新疆有特殊性和复杂性。 而我们现在要建丝路经济带，恰恰是要从这里向西面延伸的，这些情况我们都应该要考虑。

建"一带一路"必须考虑总体安全以及国家整体利益

古代没有什么国际秩序，国家之间的平等要凭实力说话。 要保证一条交通路线的畅通，必须由主导作用的国家在军事上、政治上控制。今天来讲，并不是说我们要建"一带一路"，还要去军事上控制什么地方，但是必须考虑总体安全，必须考虑我们国家的整体利益。 今天国家的稳定对我们建丝绸之路，建丝路经济带，仍然至关重要。

我们必须对可能出现或者已经出现的不利因素，要有充分的估计，要有相应的对策。 比如从新疆往西，现在的中亚都是原苏联的加盟共和国。 尽管苏联已经解体，他们都成了一个个独立的国家，但是俄罗斯的影响还是巨大的。 他们都有自己的民族语言，而且这些年都在恢复他们的民族特色，但现在通用的官方语言还是俄语。 上层人士，包括知识分子、政界，好多都是俄罗斯、苏联培养的，有留苏经历的；他们的领导人，很多实际上在苏联解体以前，已经掌握权力的。 另外，他们传统形成的与俄国之间的物流关系、人员交流的关系，这些都还在起作用。 所以，说到中亚，决不能忽视俄罗斯的影响。 而美国一直有其全球战略观念。比如美国在阿富汗采取军事行动，就租借了吉尔吉斯斯坦一个军用机场。北约在阿富汗的供应，主要是通过乌兹别克斯坦。

又比如从宗教上看，从新疆一直到土耳其，这条线上全部是伊斯兰国家；从语言上，他们都是突厥语系的。新疆维吾尔的人到了土耳其，看电视基本上听得懂的，这对他们之间的交流是非常有利的。但不要忘记，20世纪以来，世界上产生了两股潮流：一个是泛伊斯兰化，他们认为伊斯兰国家是个利益共同体；另外一个是泛突厥主义，认为突厥语系的应该结成一个共同体。所以西方人把这一带都叫做突厥斯坦（Turkeystan），把新疆叫"东突厥斯坦（Eastern Turkeystan）"。新疆不是有所谓东突吗？而且把它付诸实践的，除了历史上左宗棠平息的阿古柏之乱，还有20世纪40年代抗战期间在斯大林支持下的我们现在称之为"三区革命"。但实际上，斯大林利用这样一个动作，最后的结果是在新疆北面的阿尔泰地区（那时叫阿山地区），还有伊犁地区、塔城地区三个行政区域成立一个"东突厥斯坦"伊斯兰共和国，宣布自己独立，以伊宁为首都。后来蒋介石与斯大林交易，要求斯大林放弃支持。最终独立没有成功。但即使这样，到了我们国家最困难的1962年，在苏联领事馆的策动下，几万边民越过边境，投奔苏联，这就是伊犁事件、塔城事件。这恰恰是我们建经济带很重要的一个地方，有这个背景。

另外，我们与中亚并不是只有合作的一面，还有矛盾。一个重要的矛盾就是水资源分配。比如与哈萨克斯坦，伊犁河下游主要是流到哈萨克斯坦，是其主要水源。哈萨克斯坦本身是缺水的，新疆也是缺水的。伊犁河也是新疆北疆的重要水源。现在我们北疆工程要把伊犁河水分一部分去灌溉北疆，南疆工程要把伊犁河水引到南疆去灌溉南疆。 我们与吉尔吉斯则刚好相反。 我们阿克苏河的上游在它那里，它如果要利用上面的水，比如造水电站，我们也要提出异议的。 所以，这些利益都是需要协调的。

如果在更广阔的范围，从我们的海上丝绸之路出发，也要考虑各种安全因素。 如马六甲海峡：我们最理想的就是从巴基斯坦瓜达尔港建一条交通线，包括铁路、公路、油气管道，然后进入新疆的喀什。 这样我们今后一部分物资就不再需要绕道马六甲海峡。 这当然很好，但是，我们从地图上可以看到，这条路的旁边是阿富汗的塔利班。 巴基斯坦的北面靠近阿富汗的地方都是阿富汗的难民营，很难分清混杂在内的塔利班。 当初本·拉登就是躲在巴基斯坦。 巴基斯坦部族势力很强，有些地方政府也管不到，要依靠部族的长老。 虽然现在巴基斯坦与中国非常友好，是我们全天候的朋友，但问题是国际局势复杂，有的局面巴基斯坦未必能掌控得住。 还有一个很大的障碍：到新疆南疆的公路维持很困难，需要有人不停地在那里维修，将来这个问题怎么解决，这是一系列问题。 又比如说缅甸：我们原来希望，能通过缅甸海港的出海口，通过油气管道以及陆路到云南，这样西南就有一个新的通道。 但是缅甸的政局我们也得关注。 原来准备投资建水电站，现在叫停了。 还能不能恢复？ 铜矿能不能继续开采下去？ 建成的油气管道能不能保证安全？ 能不能保证控制在我们的手里面？ 斯里兰卡原总统那么隆重地欢迎习近平主席，我们答应投 150 亿美元建造港口，新总统来了就叫停了。 尽管他保证不是针对中国，但这总归是变数。 要全方位建设海上丝绸之路，包括苏伊士运河、中美洲的巴拿马运河这些地方都是卡口。

万隆会议通过的和平共处五项原则中有一项叫互不干涉内政。当时中国提出这个，我认为很积极。因为当时中国的主要威胁是别人要干涉中国的内政。中国当时主要是要消除外界对中国的影响。20 世纪 50 年代我们宣布中国不承认双重国籍，这主要是为了消除印度尼西亚等东南亚国家对这么多华人的顾虑。当时有谣言说这些华人都是第五纵队。我们就宣布，要么归化入籍，要么保留中国国籍，两选一，这样大多数人都选择了当地国籍。到了今天，如果他国的内部变化是向着不利于我国的方向发展的，或者甚至会损害我们利益的，我们应该采取什么态度？是完全不干涉，还是要积极地影响？这就牵涉我们对国际上一些重大问题的变化趋势的判断以及我们对局面的掌控。

又比如我们如何去保证我们企业在海外投资的安全。现在亚洲基础设施投资银行是个非常好的措施。有些人不知道，胡说这是为了挑战世界银行，要建立中国主导的货币基金组织。推广高铁，成功了没有？还没有。为什么？很多原因。越南准备要造，其国内反对了。泰国也在犹豫。他们有他们的现实考虑。他们国家就那么多人，火车有没有必要那么快那么多？还有一个因素，钱从哪里来？比如老挝，它当然愿意你帮它建高铁，如果全部我们中国出，一方面我们中国也不会有那么多钱，反过来，都是中国一家出，安全吗？但如果通过亚洲投资银行，造港口造铁路是由银行来投资，这个银行由几十个国家投的，就相对安全多了。如果把美国人也拉进来，等于大半个世界银行，这个投资相对来说就更安全了，这是实际的需要。又比如，美国保证人员财产的安全有个办法，让民间的保安公司来做，如黑水公司。其实这些人有的是刚刚退役的，有的甚至直接从部队取消军籍加入，它就明目张胆打着民间雇佣的旗号。反过来，如果中国要派武警到其他国家保护安全，那就不行了。美国用保安公司，其实和军方差不多，技术可能比一般军人还要好，这也是个办法。

总而言之，现在面临这些问题，一定要预先考虑，怎么保障好"一带一路"的安全。根据这一局面，我们外交政策特别是一些战略方针上，要有超前的意识。

我们以前有很多的援外项目的失败，要从中吸取教训。比如说改革开放前我国最大的援外工程——坦赞铁路。当时尼日尔他们提出建坦赞铁路，当然，从支援他们角度，是对的，但问题是，要知道它为什么要造这条铁路。根本的原因是，赞比亚的铜原来是通过南非出口的。这是最合理的路线，距离最短，到了南非后海运，最便宜。但是由于南非搞种族隔离，对南非进行经济制裁，走南非走不通了。怎么办？只好绕道1 000多公里到坦桑尼亚，在坦桑尼亚首都达累斯萨拉姆出海。这条铁路主要解决运赞比亚的铜的。这个前提如果不存在了，铁路建得再好，又有什么意思呢？果然不久，南非不搞种族隔离了，经济制裁也解除了，那么赞比亚的铜矿又到南非出口了。这条铁路1 000多公里，干点什么好呢？旅游的话，都是热带丛林，没有条件，也没有那么多游客，而且游客也没有必要绕道那么远。坐飞机、汽车沿海走很方便。2006年我去非洲时了解到，那个铁路一个星期才开4班慢车，而且经常停掉或者晚点，没有效益。类似这种情况，我们一定要未雨绸缪。

不能简单地把西方的海洋观移到中国

我想消除大家一个长期延续的误解：现在我们习惯于拿西方的海洋

观来看海洋，这是不对的。 西方那些历史学家、哲学家、地理学家都有这样的观念——海洋，代表着财富、希望、交流，人类离不开海洋。 特别是那些西方的哲学家，甚至马克思也受过这个影响，说不同的地理环境下，人可以形成不同的性格，海洋边上的人心胸开阔，目光远大，而内陆人一般狭隘保守。 这话对不对呢？ 他们讲的海洋，主要是地中海，这个话根本不适合中国。 早期我也不懂，我也认为这话是对的。这些年我经过深入研究得出结论，我们不能把西方特殊条件下形成的经验盲目用到中国、用到其他国家。 因为地中海世界上只有一个，它非常特殊，基本上是个内海，海中还有非常多的岛屿、海湾，地理原因使古代在地中海的航行非常便利而且安全。 更重要的是，地中海周围，古代的文明像群星般璀璨，两河流域、巴比伦文明、埃及文明、罗马、希腊、亚细亚、亚述，等等。 沿着地中海航行，轻易就能接触到异质文明，多种文明在这里激荡交流。 中国只有一个地方比较相像——渤海湾。 但很可惜，周边的朝鲜、日本与中国之间，航行条件可能和地中海差不多，距离也不太远，可是这里找不到异质文明。 日本、朝鲜历史上都是学中国，他们总体水平都不如中国，日本是全盘学习唐朝制度搬过去的。 这样一来，中国根本没有动力去拓展海上交通。 所以，海洋对中国的概念和地中海对欧洲、北非的概念完全不同。

中国的海洋观念，不像西方也是很自然的。 中国的观念，"四海之内"，海，就是边缘，出了海，就没有了。 中国人到了海边，绝不会像欧洲人一样，看到了希望，看到了未来，看到了财富，而是穷途末路，天涯海角。 对古代中国人有吸引力的是长安、是洛阳，是内地政治经济发达的地方，而不是什么海边。 大海对古代中国只有渔盐之利，打鱼晒盐。 到西汉末年，中国的航海其实已经很发达，汉朝也比较重视航海，但以后却倒退了。为什么？因为没有用。另一方面，中国也没有受到来自海上的威胁。要有威胁才有必要建海军。对中国威胁最大的只是倭寇，直到西班牙人、葡萄牙人、荷兰人航海过来，才改变这一现状。正因为这样，中国既不把海上看成自己的威胁，用不着过多地加强海防，另一方面海洋也没有给中国带来像地中海所带来的利益。

历史上海上丝绸之路由阿拉伯人开拓

正因为这样，历史上海上丝绸之路也不是中国开辟或者掌握的。是谁建的呢？阿拉伯人。阿拉伯人考虑到贸易的利益，陆上已经不通，代价太大，而阿拉伯人的航海技术曾经是世界一流。所以，他们就航海到了广州、泉州、宁波、扬州这些地方。唐朝后期，在广州的阿拉伯商人和家属已经有好几万，形成了他们的社区，被称为"番坊"。其中的社区负责人也是由其自己担任，称为"番长"。就类似上海的古北小区选个外国人做居委会主任差不多。泉州的阿拉伯人，我们现在还可以看到他们留下来的公墓，墓碑上用阿拉伯文写着真主保佑，还有很多清真寺的遗迹。甚至南宋的时候，掌管泉州的海关和外贸的长官，即泉州市舶司的长官叫蒲寿庚。学者们研究后认为，他就是阿拉伯人的后裔。有没有中国人也到那里贸易呢？到现在没有发现一个。唯一我们现在知道的，是公元751年高仙芝带领几万唐朝军队进攻石国（即今天哈萨克斯坦的江布尔），在那里突然遭遇阿拉伯阿巴斯王朝的军队。唐军彻底失败，几乎全部被俘虏。这批俘虏被送到巴格达。军队中有一批是跟着出去的造纸工匠，这些工匠被俘后把中国的造纸术传到了阿拉伯，后来又传到欧洲。其中有一个人叫杜环，是部队的秘书，在阿拉伯巴格达一带待了九年以后，又坐阿拉伯的船回到唐朝。 他写了他的经历，900 多个字。 从这个记录中，我们才知道阿拉伯的情况。 这是中国第一次有人正面地描述阿拉伯和伊斯兰的情况。 最近，在西安又发现一块墓志铭，知道有一个太监曾经在唐朝后期被派出使阿拉伯，到了大食。 但这些都不是正常的贸易。 贸易还没有发现过。 所以，不要以为唐朝外贸发达，其实都是外国人来做贸易。 唐朝和宋朝的官方只是收税，他们已经很满意了。 南海有很多沉船，包括南海一号，但是我们一般不介绍这些是谁的船，据我所知，都是外国的船，都是外国人来买东西的，不是我们主动输出的。 一直到近代，西班牙葡萄牙荷兰人到了菲律宾、台湾、澎湖一带，到了沿海做贸易。 这种情况下，中国官方都还没有直接进行外贸。 最多的是那些走私商人和得到恩准的民间商人在做贸易，不能和别人对我们的贸易相比，完全是外国操纵的。 这是我们需要明确的。

我国历史上官方对外活动都不重视经济效益

还有一件我们要说明的事情，怎么看郑和下西洋。 这是不是我们今天建设海上丝绸之路的榜样呢？ 客观地讲，郑和下西洋的目的不是经济贸易，也不是建立殖民地，而是宣扬国威。 明朝成立后，永乐皇帝觉得明朝建立那么长时间，原来元朝时很多外国到中国来，现在还没来，要去告诉他们，明朝已经成立，而且很强大。 还有一点不能公开讲

郑和下西洋宝船模型

的，永乐皇帝朱棣是靠阴谋手段废了他的侄子才掌权的，他心里希望通过这样一些对外的宣传，吸引外国的朝贡，来加强他的政治合法性，来说明他是正统、是真命天子，非但国内拥护，而且万国来朝，所以不惜工本让郑和去。一次不行，总共去了七次。郑和去西洋的标准动作是，到了一个国家或地区，船上放炮，召集当地的君主或头目，带民众聚集起来，然后他宣读诏书，宣布大明建立、大明对他们的优惠，鼓励或要求他们来称臣纳贡。如果你听从，就有赏赐，金银财宝丝绸。得到的回报是真的有人跟着来了，还带了一些土产回来，包括香料，当地土特产，一些珍稀动物，比如到非洲带回来一头长颈鹿。据说还有狮子、麒麟，实际估计也就是四不像的麋鹿之类。从此以后，明朝乃至清朝的皇宫内还养着象。没有发现郑和开辟一条航路与外国开展什么贸易。这样的下西洋怎么能维持呢？近代梁启超第一个发现郑和下西洋的事迹，称他为伟人，称赞他的航海技术。明朝本身除了民间写了三宝太监下西洋的故事小说以外，明朝的大臣都是反对的。宣德皇帝有一次说要看郑和下西洋的资料，大臣慌了手脚，赶快回答称找不到了，居然把档案全部销毁。为什么？害怕皇帝看了，再来一次下西洋，但是国库已经没有银子了。这样的下西洋大臣怎么可能支持？比较一下，哥伦布航海，尽管他的船队与郑和不能比，时间也比郑和晚，但哥伦布回到西班牙时倾城出动，欢迎民族英雄回来。大家都知道他给西班牙带来了真金白银，找到了新的航路，可以开拓殖民地。中国郑和下西洋没有这样做。另外，郑和下西洋的技术以前我们也夸张了。据上海交通大学杨㮟院士多年的研究，郑和下西洋到过的所有地方，在他之前，阿拉伯人都到过了。这几年我也注意这个事情，发现的确如此。郑和本人就是阿拉伯人的后代。他家族是姓马的。他父亲一辈的人专门去过天方即麦加去朝圣。明朝初年还有不少阿拉伯人留在明朝，所以明朝的资料明确记载，郑和下西洋时带有外国的水手。现在留下来郑和的记录，航海图里面用的概念"针路"，就是阿拉伯人的概念；用的技术叫"牵星过洋"，也是阿拉伯人发明的，靠看星来定位。尽管中国古代有指南针，但是指南针只能小范围用，真正在海里是没有用的。所以现在如果要建海上丝绸之路，不要以为中国已经有了很好的经验。我们需要开拓创新，好好地学习。

中国历史上海上和陆上的活动，经常是重政治目的，轻经济效益，所以没有办法长期维持。比如张骞通西域后，汉武帝为了夺取宝马攻打大宛，结果损失非常大。十几万大军几乎全军覆没。又比如我们对外界经常赏赐无度，使外界期望值越来越高，对国家造成财富的流失，国库空虚，官民都有怨言。这样的例子多得很。隋炀帝一方面国内老是挖运河打朝鲜，穷奢极欲，另一方面又要向外国人夸耀，在洛阳大规模招待外国人，把丝绸挂在树上。人家看了奇怪，老百姓还没有衣服穿，怎么丝绸挂在树上？结果说天朝很富，丝绸有的是。招待外国人吃饭，吃了不用付钱，说我们历来是吃饭不要钱的。这样的开放谁支持呢？这样的情况历史上不止一次。历史上我们不主动经营外贸，主要利益都是由外方所得，而对民间贸易却一贯限制甚至禁止，或者课以重税，以致民间非走私就不能获利。比如明朝时中国白银缺少，银价不断上涨。西班牙葡萄牙荷兰人来了，他们发现了新大陆的银矿，有大批的白银，照理这个外贸对我们很有好处，但是明朝禁止，不让贸易。怎么办呢？福建人就武装走私，建立一个个的走私集团。明朝政府出兵镇压，他们就跑到海外建立基地，甚至雇佣日本人对抗。我们千万要吸取教训，必须要重视经济效益。

　　为什么要建海上丝绸之路？我们生产的水泥、钢材、煤、铁，那么多过剩产能，如果关了，下岗、浪费，很多问题；反之如果能通过投资在海外的基础设施，在海外建铁路、港口、码头，一方面我们的产能得到维持，另一方面所在国基础设施建设发展，互惠互利，成为大家两利的事情。亚洲基础设施投资银行本身是个很好的事情，大家互利的一个需求，不要再说什么挑战世界银行、建立中国话语体系之类的话。我们要注意到，习近平主席在亚洲博鳌论坛上，完全是对这些国家晓之以义、动之以情，强调是双方、多方共同的发展。对于"一带一路"，大家都应该明确，历史没有给我们留下多少财富或者经验。现在我们要面向未来，要真正做好"一带一路"建设，就必须创新，这样才能完成这项前无古人的伟大事业，才能在未来发挥对中国、对世界的积极作用。

"一带一路"：经济地理革命与共赢主义时代

胡鞍钢

清华大学国情研究院院长，清华大学公共管理学院教授、博士生导师，兼任国家"十一五""十二五""十三五"规划专家委员会委员、中国经济 50 人论坛成员等社会职务。从 1985 年开始从事国情研究至今已有 30 年时间，是这一领域的开拓者。

如何来认识"一带一路"的本质特征呢？这里，我用了两个关键词：一是从经济学的视角看，这是一场规模宏大的"经济地理革命"：从重塑中国经济地理到重塑沿线国家经济地理，进而重塑世界经济地理；二是从国际关系的视角看，是开启了一个"共赢主义时代"，这既不同于500年前的殖民主义、近200年前的帝国主义，也不同于二次大战之后的霸权主义。"一带一路"开创了互利共赢的非零和博弈的新模式。

从"一带一路"的背景来看，为什么是由中国领导人所倡议？又为什么被沿线国家所接受？最根本的原因，就是中国已经走进世界经济舞台的中心，成为世界第一大贸易体，又成为世界200个国家和地区的第一大、第二大和第三大贸易伙伴，成为世界及各国最大的利益相关者、命运共同者。中国带头倡导共赢主义，势必会极大地推动全球经济增长、贸易增长、投资增长，使世界各国受益。从长远视角和基本趋势看，的确是一场空前规模的经济地理革命。

从战略设想到拉开序幕

"一带一路"建设是党的十八大以来影响世界最重要的"中国战略"，确切地讲，一是中国的大战略，如果说"大战略是为实现全国性目的而最有效地发挥国家全部力量的艺术"（《英国野战条令》，1935

年），那么中国大战略就是为了实现中国两个"百年目标"而最有效地发挥国家全部力量的艺术。这是对全体 13.7 亿人民、7.7 亿从业人员、7 200 万市场主体的总动员。

二是中国的全球战略，西方人总问我们：你们已经是世界第二大经济体，到底你们有什么样的全球战略？服务于什么目的？与美国有什么不同？美国的全球战略就是将"加强美国的国家安全"列为其全球战略的首要目标，这可以被视为"美国国家安全是硬道理"的战略。由美国主导的 TPP（跨太平洋伙伴关系）、TTIP（跨大西洋贸易与投资伙伴协定）意在重构国际贸易和投资规则，所涵盖的内容与贸易自由化的水平都远高于正在谈判的世贸组织多边贸易规则，是依照发达国家的经济发展水平而制定的贸易规则新标准。TPP 与 TTIP 一旦形成，现行多边贸易体制有可能会被边缘化。况且，包括中国在内的很多发展中国家都被排除在 TPP 与 TTIP 的谈判之外。"一带一路"战略与二战之后由美国主导的欧洲复兴计划（"马歇尔计划"）又有所区别，后者的本意是为了通过援助使欧洲经济恢复，并使之成为抗衡苏联的重要力量和工具，同时也可使美国更方便地控制和占领欧洲市场，体现的还是冷战思维。而中国提出的"一带一路"建设宗旨就是"互利共赢"，将中国的发展融入全球的发展进程中和结果中，因为中国的发展会有极大的外溢性、正外部性，中国的发展会带动沿线国家的发展，进而带动全球的发展。这既有利于发展中国家，也有利于美欧这样的发达国家，是一种基于"共赢主义"思想的国际发展合作新模式。

三是党中央统筹国内国外两个大局的升级版，从和平发展到共赢发展，从 960 万平方公里空间的布局到全世界空间的大布局。这不仅主动适应了我国在世界经济舞台的地位，而且前瞻性地推动了我国在世界经济舞台的中心地位、领导地位，这在新中国的历史上是首次，特别是"一带一路"建设创意，这在南方国家的历史上更是首次①。

我们看到，关于"一带一路"建设创意，从倡导到愿景，再到行动，仅用了不足两年的时间，就成为令世人瞩目、互利共赢、共同发展、超级规模的区域与世界合作项目（涉及 60 多个国家、40 多亿人口），尤其是在全球经济、贸易增长低迷、失业高峰的背景下，中国挺身而出、振臂一呼，正所谓众望所盼、群起响应。

那么，"一带一路"建设设想由何而来？怎样做到从"中国设想"到沿线国家群起响应，合作落地？又是怎样从重塑中国经济地理到拉开重塑世界经济地理的大幕？这里我们有必要简要地回顾一下决策过程和决策结果及影响：

2013 年 9 月 7 日，习近平主席在哈萨克斯坦纳扎尔巴耶夫大学发表演讲时首次倡议：共同建设丝绸之路经济带，以点带面，从线到片，逐步形成区域大合作。

同年 10 月 3 日，习近平主席在印度尼西亚国会发表演讲时首次倡议：共同建设 21 世纪海上丝绸之路。同时他还倡议筹建亚洲基础设施投资银行，促进本地区互联互通建设和经济一体化进程，向包括东盟国家在内的本地区发展中国家基础设施建设提供资金支持。由此形成了共建丝绸之路经济带和"21 世纪海上丝绸之路"（以下简称"一带一路"，英文表述为：The Belt and Road Initiatives；或 One Belt And One

---

① 在此之前，有过 77 国集团，但是缺少实质性的愿景和行动方案，更多的是"宣言"。所谓 77 国集团，是发展中国家在反对超级大国的控制、剥削、掠夺的斗争中，逐渐形成和发展起来的一个国际集团。1963 年在 18 届联大讨论召开贸易和发展会议问题时，75 个发展中国家共同提出了一个《联合宣言》，当时称为"75 国集团"。后来在 1964 年召开的第一届联合国贸易发展会议上 77 个发展中国家和地区发表了联合宣言，自此称为 77 国集团。1979 年成员国已增加到 120 个，但仍沿用了 77 国集团的名称。截至 2012 年 1 月，其成员国已增加至 132 个。

Road) 的重大倡议。我称之为中国的"世界倡议"。

为此，清华大学国情研究院基于对新疆的专题研究，又进一步深化研究"一带"战略，于 12 月 1 日提交了《打造中国向西开放战略大通道：丝绸之路经济带的战略意义与路径》的《国情报告》（2013 年专刊第 22 期）。我们认为，丝绸之路经济带战略是集政治经济、内政外交与时空跨越为一体的历史超越版；在战略内容上，它是集向西开放与西部开发为一体的政策综合版；在战略形成上，它是历经几代领导集体谋划国家安全战略和经济战略的当代升级版。我们还提出了"五通"的建议：政策沟通、道路连通、贸易畅通、货币流通（如成立中亚开发银行、推进本币结算和人民币发挥区域性国际货币职能）、民心相通。

2013 年 11 月，"一带一路"建设写入十八届三中全会《决定》，正式上升为国家战略。同年 12 月，习近平总书记在中央经济工作会议上提出抓紧制定"一带一路"建设规划，加强基础设施互联互通建设。

根据中央的统一安排，有关部门组成规划领导小组为制定《推动共建丝绸之路经济带和 21 世纪海上丝绸之路的愿景与行动》做了前期的大量工作，开展国内外调查研究，听取各方意见，包括沿线国家的意见。我作为国内专家也参加了国家发改委等组织的丝绸之路经济带课题专家意见征集会，提交了《丝绸之路经济带：战略内涵、定位和实现路径》的咨询报告①。

---

① 后发表于《新疆师范大学学报》（哲学社会科学版）2014 年第 2 期，作者系胡鞍钢、马伟、鄢一龙。我们还特别提到：打造丝绸之路经济带，共建丝绸之路经济带，积极打造陆上战略大通道，全力升级中国西进战略，就需要进行全方位的战略规划。在战略框架上，要以"上合"为主、多机制并进；在战略步骤上，要先易后难、稳扎稳打；在战略内容上，以经贸为主、多维度推进。通过安全稳定、经贸发展、公共外交等领域的大力合作，不断推进中国与中亚地区的政策沟通、道路连通、贸易畅通、货币流通与民心相通的区域大合作。

2014 年 5 月，习近平主席在亚信峰会上作主旨发言时再次提出中国将同各国一道，加快推进"一带一路"建设。他还特别提出要尽早启动亚洲基础设施投资银行，推动亚洲基础设施建设。

同年 7 月，习近平主席在出席金砖国家领导人第六次会晤期间，首次提出我们将更多提出中国方案、贡献中国智慧，为国际社会提供更多公共产品。国际社会对中国热切期待，希望尽快看到"中国方案"。

2014 年 12 月，习近平在中共中央政治局第十九次集体学习时明确指出，在全球经济治理方面，我们不能当旁观者、跟随者，而是要做参与者、引领者；在国际规则制定中，发出更多中国声音、注入更多中国元素，维护和拓展我国发展利益。他再次代表中国向世界发出强烈的中国信号，积极参与全球经济治理，发挥全球领导作用。

那么，什么是中国方案、中国智慧、中国声音、中国元素？中国能为国际社会提供什么公共产品？中国又如何提供区域性、全球性公共产品？

2015 年 3 月，在习近平主席参加博鳌亚洲论坛并讲演之后，中国政府发布了《推动共建丝绸之路经济带和 21 世纪海上丝绸之路的愿景与行动》（以下简称《愿景与行动》），表示推进"一带一路"建设既是中国扩大和深化对外开放的需要，也是加强和亚欧非及世界各国互利合作的需要，中国愿意在力所能及的范围内承担更多责任义务，为人类和平发展作出更大的贡献。习近平主席明确提出"一带一路"建设秉持的是共商、共建、共享原则，不是封闭的，而是开放包容的；不是中国一家的独奏，而是沿线国家的合唱。"一带一路"建设不是要替代现有地区合作机制和倡议，而是要在已有基础上，推动沿线国家实现发展战略相互对接、优势互补。

　　《愿景与行动》既是中国第一个对外投资行动规划，又是第一个统筹"两个大局"的战略规划，不仅对重振亚洲、非洲、欧洲经济乃至世界经济产生积极的短期的正能量①，还会对重塑中国经济地理乃至世界经济地理将产生积极的长期作用和深远影响。

　　在不到两年的时间内，习近平主席、李克强总理等领导人前后密集地访问了 20 多个国家和两大地区组织（如东盟、欧盟等），直接与沿线主要国家领导人进行双边与多边会晤，阐释"一带一路"的深刻内涵和积极意义，主动了解并与各国发展战略合作对接，亲自考察中方与海外的重点合作项目，直接使一大批合作项目落地，务实地签订了多项合作协定，如与巴基斯坦推动中巴经济走廊合作；与俄罗斯签署《关于丝绸之路经济带建设和欧亚经济联盟建设对接合作的联合声明》；与哈萨克斯坦的"光明之路"经济战略对接；与白俄罗斯合作"一带"标志性项目；与欧盟推出的欧洲投资计划（投资总额为 3 150 亿欧元）对接，鼓励中方企业参与泛欧交通网络、中欧陆海快线、新亚欧大陆桥等基础设施项目，也欢迎欧方企业积极参与"一带一路"建设，双方还希望到 2020 年实现一万亿美元贸易额的目标。每个合作协定都具有巨大的投资含金量、价值含金量，成果丰厚，对双方又都是实实在在的。

　　中国所倡导的"一带一路"建设的本质就是倡导共赢主义，其宗旨就是共同构建、互联互通。一是构建亚欧非大陆及附近海洋的基础设施互联互通，二是建立和加强沿线各国互联互通伙伴关系，三是构建全

_____

① 《愿景与行动》开宗明义地指出当今世界正发生复杂深刻的变化，国际金融危机深层次影响继续显现，世界经济缓慢复苏、发展分化，国际投资贸易格局和多边投资贸易规则酝酿深刻调整，各国面临的发展问题依然严峻。国际金融危机爆发之后亚洲、非洲受到严重冲击，一直处于低增长状态，欧盟、日本等一直处于停滞状态。这就需要中国担当世界经济增长、贸易增长、投资增长的第一发动机。

方位、多层次、复合型的互联互通网络。得众心者，赢得天下，至今已得到60多个沿线国家和主要国际组织积极响应和支持，由此拉开了由中国所倡导的"一带一路"建设序幕。

从全面对外开放到倡导共赢主义

中国所倡议的"一带一路"建设为什么会得到沿线国家的积极响应？它与通常的双边和多边经贸关系有什么不同呢？有哪些重要的特点呢？最大的特点就是共赢主义，具体地讲，有如下几方面的特点：

首先，"一带一路"建设是全面开放的新型国际合作，也就是说它向所有国家开放，无论是沿线国家，还是域外国家，均可通过参与共建，为本国和区域经济的繁荣发展做出贡献。这不同于双边或多边自由贸易区，对内是开放性的、平等的，但是对外是排他性的、不平等的，而"一带一路"则对所有参与方都是开放性、平等性的，因而就有包容性；这也不同于国家或地区集团俱乐部物品，非成员也可以参与并获益。

其次，"一带一路"建设是互利共赢的，也就是说它的所有参与方都是基于非零和博弈规划，无论是贸易，还是投资，均本着互利共赢的原则。无论国家或地区大小，无论人口多寡，无论穷国富国，无论何种文化，中国都愿与其开展互利共赢的合作，寻求利益契合点和合作最大公约数。主要有三种方式：一是双赢模式，如双方投资协定（BIT）谈判；二是多赢模式，如双方合作开发第三方市场，一举多得、三方共赢，如李克强总理在欧洲所建议的，中国企业在发展中国家和中东欧地区开展产能合作项目，要采购欧洲国家部分装备，同时也发挥自身装备制造和集成能力优势，提高技术和节能环保水平，为当地国家基础设施建设和产业发展提供可靠装备；三是共赢模式，多举多得、多方共赢，如由多国合作开通的欧亚大陆桥中欧货运专列①。

第三，"一带一路"建设的关键是互联互通，尤其涉及基础设施建设的互联互通，诚如中国有句俗语"要想富、先修路"，中国愿意帮助沿线国家改善和修建各类基础设施，使亚欧非大陆之间真正能够互联互通，以此促进货物贸易增长、服务贸易增长、直接投资增长，建立和加强沿线各国互联互通伙伴关系，构建全方位、多层次、复合型的互联互通网络。

第四，"一带一路"建设是迄今为止世界上规模最大的跨区域合作。它贯穿亚欧非三个大陆，一头是世界上经济最活跃的东亚经济圈，另一头是世界最发达的欧洲经济圈，中间广大腹地的中东、北非、中亚、南亚等发展中国家和地区人口众多、市场潜力巨大。"一带一路"至少有五条跨区域世界交通大通道，其中丝绸之路经济带有三条：一是中国经中亚、俄罗斯至欧洲（波罗的海）；二是中国经中亚、西亚至波斯湾、地中海；三是中国至东南亚、南亚、印度洋。21世纪海上丝绸之路有两条：一是从中国沿海港口过南海到印度洋，延伸至欧洲；二是从中国沿海港口过南海到南太平洋。中国所扮演的角色就是促进欧亚非三个大陆基础设施等互联互通，进而促进它们之间贸易一体化、经济一体化。

第五，"一带一路"建设是迄今为止世界上人口规模最大的互利共赢的命运共同体。这包括60多个国家、44亿人口，又分成低收入、中等收入和高收入国家等不同类型国家。中国作为上中等收入国家，通过

---

① 亚欧大陆桥东起中国连云港、日照等东方桥头堡群，经陇海、兰新线由新疆阿拉山口口岸出境，在中亚分三路通往欧洲。

中国进出口银行①、中国国家开发银行②，以及丝路基金（400 亿美元）、亚洲基础设施投资银行（1 000 亿美元）、金砖开发银行、上海合作组织开发银行等金融机构，既可以帮助那些低收入、下中等收入国家开发未来的特大市场，又可以与高收入国家合作，开发现实的特大市场。例如欧盟是中国的第一大贸易伙伴，中国则是欧盟的第二大贸易伙伴，双方合作还可以共同开发第三方市场。在改革开放之初，我国接受了大量的政府开发援助（ODA），包括来自世界银行的 ADD 和日元贷款。正是因为这些低息贷款外援，使得我国得以通过基础设施减少贫困，改善投资环境，最后使得大量的私人投资、外商直接投资（FDI）进入。"一带一路"建设将逐步结合政府开发援助、开发性金融以及市场配置这几方面的相互作用，以基础设施的互联互通作为优先领域，为沿线发展中国家提供基础公共产品，带动沿线各国货物贸易、服务贸易和投资的增长，以中国的发展带动沿线国家的发展和世界的发展。

海上的货轮

从历史发展视角看，中国改革开放短短的三十多年，就从世界第 29 位贸易体迅速成长为世界第一大贸易体，充分反映了中国从半开放到全面开放，从浅度融入深度融

---

① 中国进出口银行的主要职责是为扩大我国机电产品、成套设备和高新技术产品进出口，推动有比较优势的企业开展对外承包工程和境外投资，促进对外关系发展和国际经贸合作，提供金融服务。2014 年总资产 23 776 亿元人民币，贷款余额 17 417 亿元人民币。
② 国家开发银行主要通过开展中长期信贷与投资等金融业务，为国民经济重大中长期发展战略服务。2014 年总资产 10 317 亿元人民币，贷款余额 7 942 亿元人民币。

入世界经济，从建立开放型国内经济体系，到建立开放型世界经济体系，中国是对外开放和经济全球化的直接受益者。进入 21 世纪的第二个十年，中国从全面对外开放再到"一带一路"建设，也充分体现了中国所倡导的"共赢主义"。互利共赢不同于零和博弈，是可重复、可持续、可信赖的非零和合作。这是基于"得道者多助、失道者寡助"的文化基因和历史铁则。中国作为世界最大的贸易体、第二大经济体，一是有意愿、有目的地提出"一带一路"建设的愿景，也是有能力、有条件提出各种可行的行动方案与沿线国家去共同实现。

从重塑中国经济地理到重塑世界经济地理

"一带一路"建设本质就是一场规模宏大的、极其深刻的、相互关联的重塑经济地理革命。

世界银行《2009 年世界发展报告：重塑世界经济地理》首次提出了 21 世纪重大的发展思路，根据新经济地理理论、新贸易增长理论、新经济增长理论来重塑世界经济地理，它提出了经济地理的三个特征：密度、距离和分割。密度指每单位土地的经济总量；距离指商品、服务、劳务、资本、信息和观念穿越空间的难易程度；分割指国家之间、地区之间商品、资本、人员和知识流动的限制因素。从原因层面分析了经济地理变迁的动力、聚集、迁移、专业化和贸易等市场力量[1]。报告的结论是：这些经济地理变迁仍然是发展中国家和地区成功发展经济的基

---

① 世界银行：《2009 年世界发展报告：重塑世界经济地理》中文版，第 49、74、97 页，北京：清华大学出版社，2009。

本条件，应当对其予以促进和鼓励。

对中国而言，所谓有效地发动和促进经济地理革命，就在于促进规模经济、要素自由流动和集聚，如城市化、开发区等，不断提高经济密度（包括人口密度、经济总量密度、贸易总量密度、科技密度等）；加强各类基础设施建设，大大缩短物理距离和空间距离，大幅度降低运输成本、物流成本，实行贸易自由化、投资自由化、服务便利化，降低市场准入门槛，扩大市场规模和市场主体（实有企业、个体工商户等）规模，增强专业化程度，促进城乡一体化、区域一体化（指周边国家和地区）、全球一体化；大幅度地消减绝对贫困人口，不断提高收入水平，消除各种人为分割，实现基本公共服务均等化，着力改善人民生活质量（如提高人均受教育年限、人均预期寿命等），缩小城乡收入差距、地区发展差距等。

事实上，中国改革开放的本质不仅是一场经济革命，也是一场前所未有的经济地理革命。这里我特别使用了"革命"一词，其含义是指："推动事物发生根本变革，引起事物从旧质到新质的飞跃。"突出表现为一是交通革命，特别是高速公路革命、高速铁路革命，从无到有，从少到多，从多到世界最长，到 2014 年里程分别达到 11.2 万公里（超过了美国 9.2 万公里）和 1.6 万公里（在建规模达 1 万公里）；二是能源革命，特别是建成了覆盖国土面积最大、供电人口最多的世界最大规模的国家电网，特高压长距离大容量输电；三是互联网革命，成为世界最大互联网用户国，2014 年底，达到 6.49 亿户，约占世界 30 亿用户的 21.6%，也相当于美国 2 亿用户的 3.2 倍，中国还是移动互联网用户最多的国家，2014 年底为 5.57 亿户，约占世界 24 亿用户的 32.2%，成为世界互联网普及化、缩小数字鸿沟最成功的国家之一；四是城镇化革命，城镇人口超过了 7.5 亿人，相当于两个美国总人口，比一个欧盟总人口（5 亿人）还要多得多。

所有这些革命，都是在过去仅用了 30 年左右的时间所发生的，先是出现极大的不平衡，后是迅速地扩散、应用，进而开始趋同，大大促进中国区域一体化，导致地区发展差距从 2004 年之后开始持续缩小，这包括东中西趋同、南北趋同，全国各地区人均 GDP 相对差异系数从 2004 年的 75.1％降到 2014 年的 43.5％，下降了 31.6 个百分点，已经大大低于 1990 年水平（55.4％）；也促进了中国城乡一体化，导致城乡居民收入差距从 2009 年开始不断缩小，从 2009 年的 3.33 倍，下降至 2014 年的 2.92 倍。

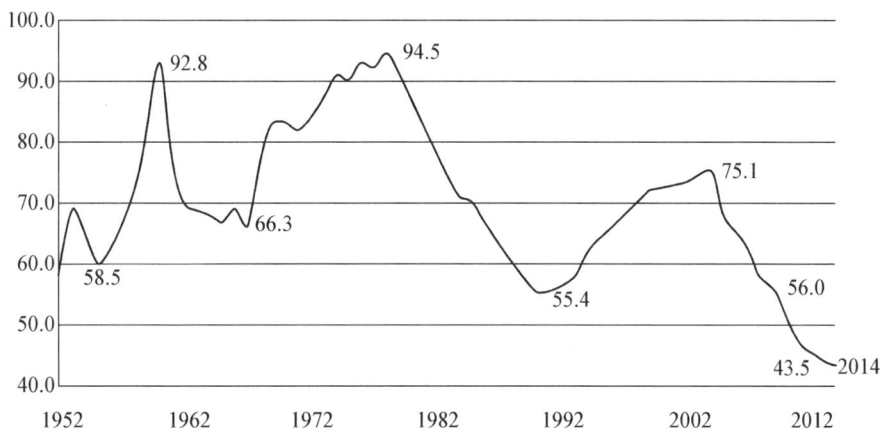

全国各地区人均 GDP 相对差异系数(1952—2014 年)(按各地区不变价格计算)

从中国区域发展战略来看，先是沿海地区率先发展，后是西部大开发、全面振兴东北老工业基地、大力促进中部地区崛起，形成了"四大板块"的区域发展总体战略，反映在"十一五"、"十二五"规划之中，大大地重塑了中国经济地理。党的十八大以来，党中央先后提出了"一带一路"建设、京津冀协同发展、长江经济带三大发展战略，这就为"十三五"规划形成"4+3"新的区域发展总体战略 2.0 版本，使中东西一体化、南北一体化、国内国际一体化的格局更加突出，将进一步重塑中国经济地理，也进一步向外拓展，重塑世界经济地理。

推进"一带一路"，形成由中国内部格局（四大板块一体化）到世界格局、由沿海一线与欧亚大陆桥东西双向互动的"大 T 字形"整体格局。与十几个邻国重塑周边经济地理，促进周边区域经济一体化，使中国产生的正外部性、溢出效应更加明显；在世界范围内重塑世界经济地理，促进全球经济一体化，并在世界范围内缩小南北国家发展差距对此，中国所倡导的"一带一路"建设将发挥其巨大的、积极的推动作用。

基础设施互联互通要优先

改革开放初期虽然我们不大懂新经济地理理论或者新增长理论、新贸易理论，但是无论是领导人，还是地方干部，甚至连我们的普通老百姓都晓得"要想富先修路"的道理，并形成广泛的政治共识和社会共识。它既是一个简单真理，因为基础设施现代化是国家现代化的先行基础，又是一个难以实现的真理，只有创新机制才能加快基础设施现代化。正因为此，中国仅用 30 多年的时间就成为全球最大的基础设施市场，也是当今最先进的现代化基础设施国家，使中国驶上了发展的快车道。

中国政府的《愿景与行动》，不只是提出美好的愿景，更是体现在"行动"。它明确提出基础设施互联互通是"一带一路"建设的优先领域。中国愿意帮助沿线国家加强基础设施建设规划、技术标准体系对接，共同推进国际骨干通道建设，逐步形成连接亚洲各次区域以及亚欧

非之间的基础设施网络。 这是由双方供求所决定的，的确是一个典型的
"共赢主义"范例。

首先，不少发达国家正面临基础设施改造升级。 沿线的许多发达
国家基础设施老化，已经落伍于"高速铁路"时代。 我访问过澳大利
亚，所谓"特快列车"名不副实，远不及京沪高速铁路的 300 公里以上
时速的"和谐"号。 难怪《澳大利亚金融评论》（2015 年 6 月 30 日）
发表文章，题为：《中国的高速列车应该将澳大利亚的特快列车扫入历
史》。 目前中国高铁营运里程超过 1.6 万公里，在建总里程 1 万公里，
不仅拥有世界最长、运行速度最快的高铁网，而且具有极其先进的高铁
设备和高质量线路工程，京广高铁长达 2 298 公里运行 8 小时，哈尔滨
到上海运行 12 个小时，而国外一般动车组只运行 3 小时左右。 最近又
有时速 350 公里的标准动车组下线，下一阶段将进行试验验收和优化完
善[1]，提出首个《高速铁路设计规范的国家标准》，并将此适用于马来
西亚、新加坡、印度等引进中国高铁的国家，未来还包括伊朗、委内瑞
拉、美国等三十多个国家[2]。 这就为中国大型装备制造"走出去"做了
技术储备，也提供了国际标准。 李克强总理访欧时表示，为支持欧洲
交通和能源网络等建设，中方有能力也有意愿积极参与这一投资计划。

其次，发展中国家对基础设施建设有着巨大的投资需求。 根据亚
洲开发银行的估计，亚洲地区对基础设施的投资需求每年高达 7 000 多
亿美元。 对此，亚洲开发银行首席经济学家朴东炫指出，亚洲之所以
实现比其他发展中地区更快的发展，其原因就在于亚洲在基础设施方面

---

[1] 《经济日报》,2015 年 7 月 1 日。
[2] 《人民日报·海外版》,2015 年 7 月 4 日。

的投资更多、更到位。 为了保持经济增长速度，亚洲在将来还需要更多的投入。 这不仅适用于低收入的亚洲国家，也包括印度、印尼在内的许多中等收入亚洲国家，甚至如韩国这样的高收入亚洲国家，也都需要加大基础设施投资。 他评价到，中国基础设施建设数量之多、质量之好，通常会让初次造访中国的外国人惊叹不已。 在中国广袤的大地上，世界水平的高速公路和铁路纵横交错，修建速度不断刷新纪录①。

国有企业争当领头羊与主力军

在推进"一带一路"建设过程中，根据《愿景与行动》，中国将在八个领域方面加强与沿线国家的合作，其中至少有四个领域与国有企业极其相关。 这包括：促进基础设施的互联互通；提升经贸合作，包括贸易与投资；大力拓展产业投资；深化能源资源合作。 为此，中国国企特别是中央企业将发挥主力军作用。

随着国企特别是中央企业迅速强大，成为世界五百强企业的"中国兵团"（100家，其中大陆92家，国企83家，央企59家），总体规模已经大大超过了居世界第三位的"日本兵团"（57家）。 据国资委提供的数据显示，截至2014年底，共有107家中央企业在境外设立了8 515家分支机构，分布在全球150多个国家和地区。 "十二五"以来，中央企业境外资产总额从2.7万亿元增加到4.9万亿元（相当于8 000亿美元，超过两个泰国的GDP总和），年均增长16.4%；营业收入从2.9万亿元增加到4.6万亿元（相当于7 500亿美元），年均增长12.2%。 中央企

---

① 朴东炫：《亚开行和亚投行将实现共赢，让亚洲人民受益》，《人民日报》，2015年7月3日。

业境外投资额约占我国非金融类对外直接投资的 70%，对外承包工程营业额约占我国对外承包工程营业总额的 60%。尤其是在推动电力、轨道交通、建材等领域装备走出去方面，取得显著成绩。

中国已经成为世界第二大工程承包输出国。中国对外工程承包合同额，从 2010 年的 1 344 亿美元，增长至 2014 年的 1 918 亿美元，增长了42.7%；实际工程完成额从 2010 年的 922 亿美元，增长至 2014 年的 1 424 亿美元，增长了 54.4%。2015 年 1—5 月，我国对外承包工程新签合同额 675.8 亿美元（折合人民币 4 142.7 亿），同比增长26.6%；完成营业额 516.3 亿美元（折合人民币 3 164.9 亿），同比增长10.1%。对外工程承包带动了中国企业国际化，加速了中国装备制造"走出去"。2014 年，中国共有 62 家承包商上榜世界 250 强，国际工程营业额（791.35 亿美元）略低于西班牙 13 家上榜企业的营业额（794.36亿美元），已经高于美国 31 家上榜企业的营业额（709.56 亿美元）。中国已有一家进入前十名，五家进入前三十名（见表）。

表　中国企业在国际工程承包商 250 强与世界 500 强企业的位次(2014 年)

企业名称	国际承包250强世界排名	国际承包营业收入（亿美元）	占世界总量比重（%）	世界500强企业排名（2014）	营业收入（亿美元）
中国交通建设集团有限公司	9	131.62	24.3	187	546.1
中国建筑股份有限公司	20	57.43	5.9	52	1 108.12
中国电力建设集团有限公司	14	53.14	25.7	313	431.60
中国机械工业集团有限公司	25	52.89	/	278	394.18
中国中铁股份有限公司	28	47.67	5.4	86	911.53
中国铁道建筑总公司	39	34.86	3.6	80	957.47

资料来源：《财富》世界 500 强数据库；
ENR：THE TOP 250 INTERNATIONAL CONTRACTORS。

以中国交通建设集团有限公司为例，2014年国际工程营业收入达到132亿美元，在世界排位第9位，在全球最大150家设计企业排名中位列第11位。公司设计承建了全球10大集装箱码头中的5个、世界10大斜拉桥中的5座、世界10大悬索桥中的4座和世界10大跨海大桥中的5座，均代表了世界最高水平。其中总承包港珠澳大桥工程，是一座连接香港、珠海和澳门的巨大桥梁，一期工程计划于2017年完成，大桥投资超过1 000多亿元，约需8年建成，是举世瞩目的超级工程，又是寿命长达100年、难度最大的工程。该公司总承包中巴经济走廊关键项目瓜达尔港口建设。该公司承包的科伦坡港口城被誉为"21世纪海上丝绸之路的南亚明珠"，一期投资15亿美元。此外，该公司还承担了马来西亚的槟城第二跨海大桥，是东南亚地区最长的跨海大桥。

以中国中铁为例，现已是全球最大的建筑工程承包商之一，2014年排名世界500强企业第86位，排名全球250家最大承包商第28位。仅中铁大桥局就承建了2 000多座桥梁，总长度超过2 000公里。长江上的公路铁路的两用桥和大型铁路桥几乎都是由该局承建，目前在长江同时在建的桥梁有12座，还修建了难度最大、也是最具壮观性的青藏铁路及桥梁。除了在国内，还在东南亚、南亚、非洲等地区兴建桥梁，如承担设计和兴建孟加拉最大的帕德玛大桥，先后承揽了缅甸、孟加拉等国的工程，仅2014年，该局签订合同额432亿元（70亿美元）、完成营业额303亿元（49亿美元）[①]，成为世界上建桥最多、水平最高、质量最优的中国企业。

以中国铁建公司为例，2014年国际工程营业收入达到了34.86亿美

---

① 《经济日报》，2015年7月6日。

元，在世界排位第 39 位。最近，中国铁建新签对外承包工程合同额1 278.027亿元（相当于 208 亿美元），其中与尼日利亚签订沿海铁路项目总金额就达到 119.7 亿美元，不仅刷新了中国对外承包工程单体合同额最高纪录，而且全线采用中国铁路技术标准。

以国家电网为例，早在 2014 年 11 月就成立了与周边国家互联互通工作领导小组，加快推进电网互联互通项目前期工作。建设各种大型煤电、风电、光伏基地等，实施"中电外送"。目前已经以"一带一路"沿线国家市场为突破口，积极开展项目合作与洽谈，扩大产品国际知名度与国际市场占有率，推动中国电力技术装备"走出去"。

这些国有企业在全球市场展现了"中国承包"、"中国工程"、"中国制造"、"中国品牌"。

今后，国企特别是央企如何更好地"走出去"，在"一带一路"建设发挥领头羊、主力军作用？

第一，要认真落实国家提出的《愿景与行动》各项要求，并以此作为"一带一路"战略规划的引领方向和基本依据。

第二，精心调查研究精心谋划"一带一路"建设规划，明确战略目标，明确主攻方向，选择重点领域和国家与地区，筛选重大项目，筹集资金等。

第三，积极创新"走出去"的落地方式，灵活采取贸易、投资、园区建设、技术合作、人才培训等多种方式，提高对外合作水平。

第四，创新抱团出海、联合出海、共同出海的出海方式，采取多种灵活的国内合作，如上下游合作、国际产能合作、装备制造合作、国际工程承包合作、服务贸易合作等。

第五，强化风险防控，确保稳健经营和资产安全。

第六，加快培养和引进国际化人才。中国企业要成长为国际企业，进而成长为全球企业，最大的瓶颈不是资金，而是人才，特别是缺少具有国际视野、国际阅历、国际经验的专门人才和管理人才。这就需要把国内人才送出去学习培训和锻炼，不断国际化；也需要采取百人计划或千人计划，积极吸引国际人才。以两条腿的方式来加快企业人才国际化，进而加快企业国际化、研发国际化等。

最后，统筹国内国际两个大局，开拓国内国外两个市场，利用国内国外两大资源，创新国内外两大技术。国资委公布的数据显示，中央企业2013年研发投入3 188亿元（相当于510亿美元），不仅超过了当年全国研发投入的1/3，年均增长超过了20%，而且明显高于一个发达大国的研发投资（如英国为463亿美元、意大利为456亿美元）。中央企业拥有国家级研发机构610个，约占全国1/4；占国家专利金奖总数的1/4。尤其是一大批重大原创性创新成果，如载人航天、探月工程、高速铁路、4G移动通信、北斗导航、特高压和智能电网、取向硅钢、百万吨煤炭液化、第三代核电技术等，正在将"中国技术"变为"世界技术"，"中国标准"变为"世界标准"，"中国制造"变为"世界制造"。

总之，在"一带一路"整体建设中，国有企业特别是中央企业要成为中国"走出去"战略的航空母舰和战斗机群，与众多极具灵活性和竞争力的民营企业和其他市场主体主动配合，相互协调，组成庞大的中国兵团，共同出海，打造中国品牌。

开启共赢主义时代

从世界性的经济全球化发展过程来看，先后经历了500年前的殖民主义（Colonialism）时代；近 200 年前的帝国主义（Imperialism）时代，包括法西斯主义（Fascism），成为全球两次世界大战的根源；二次大战之后 70 年来的霸权主义（Hegemonism）时代，先是苏美两霸，争夺世界势力范围，后是美国超霸、独霸，成为伊拉克战争、阿富汗战争、利比亚内战、叙利亚内战等的根源。

习近平主席主张共赢主义（Win-winism）："和平而不是战争，合作而不是对抗，共赢而不是零和，才是人类社会和平、进步、发展的永恒主题。"[①]在中国的引领下，21 世纪的全球将迎来"共赢主义"时代。

与前三个时代相比，"共赢主义"时代最大的不同之处在于：前者具有不公正性，而后者具有公正性；前者具有歧视性，而后者具有平等性；前者具有排他性，而后者具有包容性；前者具有对抗性，而后者具有非对抗性；前者具有冲突性，而后者具有和谐性；前者具有不可持续性、暂时性，而后者具有可持续性、长久性。

中国推进"一带一路"建设，标志着开启"共赢主义"时代，将使中国在推动世界和平发展、共赢发展等方面大有作为，大有贡献。

中国从来没有像今天这样置身于世界经济舞台的中心，成为世界及各国最大的利益相关者；也从来没有像今天这样对世界经济发挥最大的作用，成为世界经济增长、贸易增长、投资增长的最大发动机；还从来没有像今天这样对重塑世界经济地理发挥最大的影响，成为推动全球基础设施建设互联互通最积极的力量。

中国越来越需要世界，世界也越来越需要中国。无论是大国或小

---

① 习近平：《铭记历史，开创未来》，《俄罗斯报》，2015 年 5 月 7 日。

国、富国或穷国、亚洲或欧洲、中东或非洲，都在关注中国未来的走向，都在倾听中国有力的声音。

"一带一路"，最值得称赞的是它所产生的最大外溢性、正外部性，大大地带动了南方国家集体崛起，根本地改变了两个世纪以来的南北经济大趋异，成为 21 世纪南北大趋同的"主力军"①。中国有意愿、有条件也有能力帮助南方国家集体崛起，开启共赢主义的时代，共同构建一个和谐的世界、共富的世界、绿色的世界。

---

① 2014 年,中国人口占南方国家的 22.6%,GDP(PPP)占 28.7%,货物和服务出口额占 27.8%。

"一带一路"和国际发展
合作新型模式

林毅夫

美国芝加哥大学经济学博士、耶鲁大学博士后；第七、八、九届政协全国委员会委员、全国政协经济委员会副主任、全国工商联副主席；世界银行前首席经济学家兼副行长。现为北京大学国家发展研究院名誉院长；国务院参事。

　　"一带一路"是习近平总书记在 2013 年提出的我国对外经济和外交的新倡议，这个倡议通过推动"一带一路"沿线国家间的互联互通、基础设施建设和经贸往来，促进各国间的政治互信、经济融合和文化包容。"一带一路"沿线的许多亚欧国家经济发展水平较低，基础设施普遍落后，是其经济发展的瓶颈，这种国际发展合作短期可以为其创造就业和增长，长期可以提高其经济增长的潜力，发达国家"输血"的发展援助模式为"造血"的发展合作新模式。发展中国家基础设施的建设也有利于全球经济的复苏，既有利于发展中国家，也有利于发达国家，是一种多赢的国际发展合作。

　　2009 年 2 月，我在担任世界银行首席经济学家兼高级副行长期间面对国际金融经济危机的挑战，为了推动全球经济的复苏，我曾提倡以基础设施建设为主要内涵的"新马歇尔计划"。虽然这一倡议和"一带一路"的出发点不同，但是，以基础设施建设为抓手则是相同的。基础设施建设对发展中国家和发达国家的好处我在"新马歇尔计划"中有详细的分析。

　　2008 年 9 月，美国雷曼兄弟倒闭促发了自 1930 年代的经济大萧条以来最为严重的全球金融经济危机。发达国家是这场危机的导火索，需要进行结构性改革才能真正复苏。但是结构性改革的内涵是降低工资、福利、金融机构去杠杆、政府减少赤字，这些措施在短期内会压低消费、扩大失业，在危机后失业率居高不下的情况下，推行起来政治上面临很大阻力。 过去的危机通常在发展中国家或地区爆发，国际货币基金组织会建议发生危机的国家以货币贬值、增加出口对冲结构性改革的收缩，给结构性改革创造空间。 此次危机在发达国家同时爆发，发达国家都有结构性改革的需要。 一个国家想以贬值增加出口为其结构性改革创造空间，必然引来其他发达国家的竞争性贬值，结果大家都不能增加出口，也难于进行结构性改革。 预见到国际货币组织的传统措施失效，我在 2009 年初提出了一个全球复兴的"新马歇尔计划"，主要内容是对各国特别是发展中国家的基础设施进行大量投资。 这些基础设施投资不仅会消除增长瓶颈，促进所在国的经济增长，还会拉动其他国家包括发达国家的出口，给发达国家创造和货币贬值一样的结构性改革的空间，是一个既有利于发达国家也有利于发展中国家、有利于当前也有利于未来的多赢战略。

　　之所以提出这个全球复兴的"新马歇尔计划"，是因为不仅中国以外的发展中国家的基础设施非常差，而且，发达国家的基础设施也还有改进空间。 发达国家与其以财政赤字为代价来发失业救济，不如把同样的资金用来投资本国和其他发展中国家的基础设施建设，这样短期可以启动需求、创造就业，长期可以提高增长潜力、增加财政税收、弥补财政赤字。 另外，主权基金、退休基金，中国及一些石油输出国用外汇储备大量购买政府债券，收益率很低，不如用于基础设施投资。

　　上述建议在提出以后，被越来越多的人接受。 2010 年 20 国集团首尔峰会将帮助发展中国家建设基础设施列为发展共识的第一项，2013年的圣彼得堡和 2014 年的布里斯班峰会也再次强调基础设施建设的重要性，2014 年国际货币基金组织发表的《世界经济展望》也倡议以基础设施建设作为经济复苏的措施，但是到现在尚未有国家采取实际行动，为全球复苏投入基础设施建设的基金。 如今中国提出"一带一路"战略，设立了亚洲基础设施投资银行及丝路基金，率先推进亚欧间国家的基础设施建设，为全球做出了榜样，这是一个既有利发展中国家也有利于发达国家的共赢倡议，欢迎其他国家包括欧美日等发达国家加入。

"一带一路"倡议有利于全球经济的复苏和发展，更有利于亚欧沿线发展中国家的发展。 在建设期间能为工程建设国启动需求、创造就业、提高经济增长率，建成后消除了增长的瓶颈，能为工程建设国及互联互通的国家"造血"，增加后续发展的潜力。 这个倡议也有利于我国，除了营造友好的外部环境，还可以扩大我国外汇储备的使用范围；促进"一带一路"沿线国家的发展，可以培育我国出口增长点；"一带一路"沿线有许多资源丰富的国家，这一倡议也有利于我国获得发展所需的资源。

在推动为发展中国家"造血"的发展合作新模式上，我国还有一项法宝，即巨大的劳动密集型产业。 由于国内工资上涨，我国在这方面的比较优势正逐渐消失，大量的劳动力密集产业将逐渐转移出去。 自工业革命以来国际上类似的转移已有多次，为承接国创造了工业化、现代化的窗口机遇期。 能够抓住这个窗口机遇期的发展中国家，就能够实现 20 年、30 年的快速发展，摆脱贫困，成为新兴工业化经济体。

我国这次劳动密集型加工产业转移的新特点在于规模庞大。 按照 2014 年公布的第三次工业普查，中国制造业的就业人员是 1.24 亿人，相当于在 1960 年代日本劳动密集型产业向外转移时的 12 倍，1980 年代"亚洲四小龙"劳动密集型产业向外转移时的 22 倍。 世界上能够承接这么大规模劳动密集型产业转移的地方只有非洲。 非洲有 10 亿人口，大量剩余劳动力在农村，年轻人比例高，工资水平只有中国的十分之一至五分之一。 在转移劳动密集型产业到非洲方面，我国已有成功案例。 2012 年，东莞的华坚鞋业集团以"两头在外"的方式在埃塞俄比亚投资设厂，当年创造 2 000 个就业，当年就盈利，当年使埃塞俄比亚鞋业出口翻一番，成为埃塞最大出口企业。

劳动密集型加工产业从我国转移到非洲和其他发展中国家，不仅能使我国的国内生产总值（GDP）实现不断增长，扩展国民生产总值（GNP），也有利于我国附加值较高的中间部件和相关机器设备出口，为我国的产业升级开创国外的市场。 所以，和"一带一路"一样，这也是一个双赢的发展合作模式。

"一带一路"以亚欧国家间加强基础设施建设促进互联互通为主，以经贸合作为辅。 在劳动密集型加工产业转移上，我们可以以落实习近平总书记 2013 年就任国家主席以后，第一次出访到非洲时提出的"中非命运共同体"战略为目标，把劳动密集型产业转移作为主要内容，以基础设施建设作为辅助内容。 这两个战略都可以为与我国进行合作的发展中国家的发展"造血"。

这种以基础设施建设和产业转移为主要抓手的发展合作新模式对国际发展有很大意义。 第二次世界大战以后，发达国家设立了很多多边、双边的发展机构，比如联合国开发总署、世界银行、美国援外总署、英国国际发展部等，但并没有真正帮助发展中国家发展起来，绝大多数发展中国家仍然在中等收入陷阱和低收入陷阱中挣扎。 从二战以后到现在，在近 200 个发展中国家和地区当中，只有韩国和中国台湾两个经济体从低收入进入到高收入行列。 只有 13 个经济体从中等收入进入到高收入，其中 8 个是西欧周边的国家，另外 5 个为日本和"亚洲四小龙"。 发达国家对外援助之所以未能取得成效的原因在于发达国家已经走完了劳动密集型产业发展和基础设施建设的阶段，在这两方面不具比较优势，对于发展中国家只能采取"输血式"的援助，并附带许多额外的和发展无直接关系的条件。通过"一带一路"和"中非命运共同体"战略，中国可以帮助发展中国家消除增长瓶颈，提供发展机遇，引入"造血机制"。所有发展中国家都可以真正发展起来，实现习近平总书记所描绘的"百花齐放春满园"愿景。

当然，在推行对外发展合作新模式方面我国也面临不少挑战。一方面，中国企业还没有做好"走出去"的准备。"走出去"战略在2001年才提出，国内外的政治、金融、法律环境都不一样，很多走出去的企业最终失败。这需要企业提高素质，也需要政府提供帮助。另一方面，中国对外合作政出多门，有商务部、外交部、财政部、农业部等管理有些混乱。在对外援助资金方面，有进出口银行、开发银行、中非基金、丝路基金等，结果是力量非常分散，不能集中使用。有必要借鉴发达国家经验，成立一个统一协调对外合作关系的国际发展合作部，把资源组合起来，推动我国国际发展合作的新格局。

沙漠中的骆驼商队

全球视野下的大战略构想

乔 良

　　国防大学教授,空军少将。 先后毕业于鲁迅文学院和北京大学中文系,获北大文学学士学位;1992 年获享首批政府特殊津贴。 除文学创作外,长期潜心于军事理论研究,为我国著名军旅作家、军事理论家、军事评论家,中国作家协会会员。

1945年8月21日,芷江机场,日本投降代表今井武夫一行乘坐插有白旗的吉普绕场一周示众
(来源:新华网)

作为一名抗战老兵的后人,一名当代中国的军人,非常荣幸能在抗日战争胜利70周年之际,来到芷江。此刻,我首先要向芷江这座光荣的城市,向芷江的父老乡亲们致敬。

70年前,就在这个地方,中国军队成功抵御10万日军的进攻,芷江战役是中华民族抗击倭寇的最后一战,是一场完胜,芷江也成为第一个接受日军投降的城市。这是中国人永远骄傲的时刻,永远骄傲的历史。

70年后,中国发生了天翻地覆的变化。我们的国家能走到今天这一步,可以说与70年前的胜利有着密切关系。如果我们在70年前不能战胜两度侵略我们国家的侵略者,就不可能走到今天这一步。今天我们怀念先烈,同时也展望未来,对中国的未来充满信心。

谁在推动金融帝国的衰落?

今天,我们不论是谈国际形势,还是谈中国面临的形势,有两个最重要的因素不可能回避：一个是中国的崛起，一个是美国的衰落。有很多人对于美国的衰落不认同，说我对美国的认识太悲观，认为我应该到美国看看，看看"经济正在复苏"的美国，哪有衰落的迹象。但我所说的美国的衰落，不是我们此刻正在看到的美国。不容置疑，我们今天看到的美国仍然是世界第一，第一核常军事大国，第一经济总量大国，第一科技创新大国，这些头衔美国人都还顶在头上。但有一点，谁也不能否认，那就是历史和时代都已经发生了深刻变化，这个变化首先来自美国。其中最重要的变化，就是美国人发明了互联网，并把它带给了全世界。而互联网的普及，从根本上改变了这个世界，包括美国。我曾经跟美国一些学者探讨过，我说，你们认为中国是美国最强有力的挑战者，你们错了，中国要走的是中国自己的路，而不是挑战美国。真正对美国的未来，特别是对美国的全球地位构成挑战的，是你们美国自己。

是美国人的"创新"，使自己走上了衰落之路。美国人一向骄傲地宣称："美国是世界第一创新大国"。的确，美国的科技创新引领全球，引领世界。但也正是创新，使美国不可避免地走向衰落。在美国所有引以为傲的创新中，最重要的创新就是互联网。互联网诞生以来，迄今为止，它一直在扮演工业生产、经济生活、军事变革的倍增器角色。但是，当互联网遍及全球的时候，一切就将发生不可逆转的变化。那就是，互联网将显现它最重要的本质特征：去中心化。

"去中心化"为什么会导致美国衰落？因为"去中心化"将解构权力。互联网极度普及时，"去中心化"、"多中心化"趋势，就将不以任何人意志为转移而呈现出来。这一趋势本身必将催生当今世界各国所追求的多极化格局，因而也终将解构美国一超独大的霸权。今天的美国显然还没有深刻地认识到这一点，但它已经有了对自己迟早要衰落的恐惧。在这种恐惧的影响下，美国不是从理性角度出发，考虑如何应对互联网带来的"去中心化"大趋势，做出有效的自我调整，而是错误地重蹈历史上所有衰落帝国的覆辙：以为只要打压住挑战者，就可以保住霸权，并使21世纪继续成为"美国世纪"。在这种严重的大战略误判下，最终，美国选择或者说锁定了中国。对于中国而言，这当然不是什么好事情，但也不完全是坏事情。中国人喜欢说"人无压力轻飘飘"，当美国人的打压构成压力的时候，反而有可能使中国产生强烈的反弹，物理学原理告诉我们：作用力与反作用力大小相等。

资本的争夺是根本的争夺

中国正处在经济转型期，经济将不可避免地出现一定程度的下行，而这种"下行"正在成为中国经济新常态。同时，美国的经济复苏也一样乏力。虽然从2014年开始，美国不断传出一些经济将强劲复苏的消息，特别是到2014年第四季度，美国经济指数突然达到4％，让全世界大吃一惊。很多人认为这是美国经济强劲复苏的信号。但仅仅几个月后，2015年第一季度统计显示，美国经济已下跌到2％。美国经济为什么如坐过山车一般，原因究竟是什么？这里的奥秘恐怕只有美国人知道。

经济学家喜欢说，现代经济是信心经济。当一个国家的经济数据不好的时候，全球的投资人就会对这个国家的经济前景缺乏或失去信心。那么，失去投资人信心的该国经济就会变得更加糟糕。美国人对这一道理的了解显然比任何国家都要深刻。因为美国今天是个借债度日的国家，所以它比任何国家都更需要良好的经济数据，以吸引国际资本回流美国。 这意味着美国人在经济数据上需要做出更多的努力。 这也使美国的每一份显示其经济"强劲复苏"的数据，看上去都让人感到意味深长。 今天，在争夺国际资本的问题上，各个国家正在展开剧烈的拼杀，美国和欧洲，美国和中国，美国和其他地区，数据之争，已成为重要的手段和工具。

乌克兰变局，是美国和欧洲在争夺资本的典型表现。 中国周边，则是 2012 年的钓鱼岛争端，2014 年上半年的"981"钻井平台和下半年的香港占中……这些事件的背后，有政治因素，也有军事因素，但是政治因素、军事因素背后是什么因素？ 是国家利益，而所有国家利益最后都会表达为资本，所以资本争夺是最本质的争夺。

为什么今天的中国会突然面临这么多的争夺和争端？ 这是因为今天中国已经走到如此重要的一步，我们已经成为世界 GDP 第二大国。2014 年全世界的 GDP 总量达到 77 万亿美元，美国 17 万亿，中国 10 万亿，日本 4 万多亿。 中国从四年前 GDP 全面超过日本，短短几年时间，已经把日本远远甩在后头，成为当之无愧的世界第二。

在这种情势下，中国和美国在某种程度上迎面相撞似乎不可避免。美国已经做好准备，2010 年开始提出一些新战略，比如"亚太战略再平衡"，其目标是针对中国，战略重心移向西太平洋，海军 60% 的兵力调到太平洋战区。 这都表明美国正在把中国作为主要挑战对手来看待。除了在政治和军事上向中国施压，美国更通过"TPP"（环太平洋合作伙伴协定）对中国进行经济施压。 TPP 作为美国排斥中国的经济战略，主要目的有三点，第一点是要解决美国的经济安全问题。 美国人认为在过去 20 年里美国经济过于依赖中国，要摆脱这种依赖，需另起炉灶。 第二点是要为互联网经济时代制定新游戏规则。 世界贸易组织（WTO）的贸易规则是美国人 17 年前主导确立的，很多规则已经不适合今天的全球经济形势，同时互联网经济的出现需要新游戏规则，美国人不希望中国成为新游戏规则的参与者和制定者。 其意图就是要在制定新游戏规则时，又一次把中国排除在外，等它制定完规则以后再让中国加入，那时将迫使中国做出更多类似于加入 WTO 时的让步。 第三点则是要借 TPP，阻止中日韩东北亚自贸区出现。 美国为什么视东北亚自贸区谈判为眼中钉肉中刺？ 因为美国要吸取欧盟和欧元的教训。欧洲共同体变成欧盟，又成功推出了欧元，使欧盟顿时成为世界第一大经济体，这时，美国人才为时已晚地发现欧元对美元霸权将构成强大挑战。 所以这回，美国决不能容忍再出现新的挑战者。

因为一旦东北亚自贸区形成，世界第三大经济体就将出现。 而东北亚自贸区一旦出现，就不会停步，它一定会南下整合东南亚，形成东亚自贸区。 然后，继续向西，整合南亚次大陆：印度、孟加拉、斯里兰卡，接下去再整合中亚和西亚，这样，50 万亿规模的经济体就会出现，比欧盟和北美加起来还要大。 这样一个经济体会愿意使用美元或者欧元进行内部贸易结算吗？ 肯定不会。 它一定会推出自己的货币，其结果就是导致世界货币三分天下，美元、欧元、人民币，美元只能分得其一。 想想看，三分之一的美元霸权，还叫霸权吗？ 所以说美国人在接受欧盟、欧元的教训以后，势必要防患于未然，提前打击东北亚自贸区。 结果，通过中日钓鱼岛争端，美国人成功地阻断了东北亚自贸区谈判的进程，也就顺带阻断了亚洲经济共同体乃至其区域货币出现的可能性。 我们应该从这样的国际大背景下来认识中国当前面临的形势。

不与对手军备竞赛，也不自废武功

为了配合战略重心东移，美国人除了经济上的准备，当然还有军事上的准备。这就是 2010 年，美国五角大楼推出的作战构想——空海一体战。这一构想主要是以中国和伊朗为对手和目标。实际上伊朗这样一个中等国家根本不足以构成美国的战略对手，显然美国的主要目标是针对中国而来。但即使是这样一个构想，美国也意识到自身力量的不足。1996 年中国为警告台独分裂势力，在台湾海峡试射导弹，1999 年驻南联盟大使馆遭到轰炸，这两个事件直接导致了中国政府意识到在发展经济的同时，要兼顾增强军事力量的重要性，于是在国家经济可以承受的范围内，加大了对军事力量建设的投入，使得中国的军事力量这些年获得长足的进步。这反过来又成为五角大楼的一块心病。

在这个空海联合行动构想中，美国人认为十年内，中美之间不会发生战争。这倒不是因为美国人渴望和平，而是因为美国人研究了中国今天的军力发展后，认为以美军现有能力，不足以抵消中国军队已确立的一些对美军事优势，如攻击航母的能力和摧毁太空系统的能力。所以，美国必须再拿出十年时间发展更先进的作战系统，以抵消中国的某些关键性优势。这意味着美国人可能的战争时刻表被拨到了十年后。虽然十年后战争仍可能不会发生，但我们却不能掉以轻心，必须做好准备。中国要想确保十年后也不发生战争，就需要在这十年内把我们自己武装得更好，包括军事和战争的准备。

当时的苏联崩溃，其中一个重要原因就是军事原因。美国把苏联拉进了"星球大战计划"竞争之中，大量消耗苏联有限的外汇，给其经济发展造成巨大的困难。如今美国显然希望通过空海一体战，使中国复制苏联的老路。但我们不准备走这条路，不打算和美国进行军备竞赛。对中国来说，军事上既不应与美国进行军备竞赛，又不可自废武功，找到适合自己的新军事能力发展方向，这才是正确的选择。这同样也是中国今天面临战略选择的时代背景。

"一带一路"的深远意涵

历史上所有的大国在崛起过程中，都有围绕它的崛起展开的全球化运动。这意味着全球化不是一个从历史到今天一以贯之的过程，而是各有各的全球化。所以，无论是古罗马的全球化，还是大秦帝国的全球化，今天看来，都只能算是一种帝国扩张的区域化过程。真正的近现代史上的全球化，是从大英帝国开始的，大英帝国的全球化是贸易的全球化。美国人秉承了大英帝国的衣钵之后，先延续了一段贸易全球化。但真正具有美国特色的全球化，是美元的全球化。这也是我们今天正在经历的全球化。的确，美国在二战后没有把一个国家纳入版图，但它用美元把你纳入它设计的全球金融体系之中，美国可以不占领一个国家的领土，但它会用美元来占领你的市场，左右你的国家经济命脉，让所有的国家为美元而生产，所有的产品、所有的资产价值最后都是通过美元来表达。这是什么？这是一种金融殖民，是一种比历史上所有殖民帝国更高明的殖民主义。正是在此意义上，我不同意说中国今天的"一带一路"是和"全球经济一体化"接轨，那等于说中国的"一带一路"战略构想，是要继续和美元的全球化接轨，这样的理解，在美国人指责中国人"免费搭车"并准备通过 TPP 撵中国下车之际，显然是一种战略上的不清醒。

"一带一路"的战略构想，既是中国人寻求新的经济发展方向、走出困境的路径选择，又是对美国向华施压的一种消解，可以说它是对美国战略中心的东移，亚太战略再平衡的一种对冲。 或许有人会说，对冲应该是相向而行，你怎么能背过身去对冲呢？ 没错，背向对冲。 这正是这一战略的精明之处。 如果中国选择和美国直接冲撞，成本会非常高。 避开两国的正面交锋，将中国的国家利益向西拓展，能在一定程度上有效地抵消美国对我们的压力。 所以说对"一带一路"，应有更深邃、更充分的估量和评价。 与那些选择零和博弈、赢家通吃的帝国不同，中国选择的是合作博弈的道路，通过与其他国家的合作，实现互利共赢，这既解决了中国的问题，也能解决其他国家的问题。 还在更大的地缘空间中，最大限度地减少与美国的摩擦系数。

"一带一路"怎样走？

中国人从某部电视专题片热播之后，"蓝色梦想"就开始被唤醒。此后到现在为止，一直都有一个挥之不去的错觉，认定不是海洋大国就不会是大国，这是因为看到了英国和美国的例子。 其实，世界历史上有很多大国都不是海洋大国。 而今天，中国成为海洋大国是迟早的事，将来人类70％的资源、能源都来自海洋，如果不是海洋大国，拿不到这些资源，就会连生存都会出问题。 所以，中国迟早要成为海洋大国。 但是我们眼下最需要的，是未来十年这个机遇期。 "海洋大国"，远水解不了近渴，解决不了中国今天的问题。 蓝色海军不是十年能建成的，可是中国眼下等不了十年。

　　这决定了中国今天为什么要选择"一带一路"作为新的国家大战略。"一带一路",看上去是"陆路、海路"两线出击,但在我看来,陆路比海路更重要。表面上看,海路更好走、更便捷,只要跟你的对手没有处于战争状态,海上通道畅通,走海路无疑更有诱惑力。你从港口把东西运出来,十天半月就能到达目的地,成本要比从陆上走低得多。和平时期,海上运输安全还是有保障的,顶多也就是会遇到几个海盗,这一点,只要有海军去护航就不会有大问题。

　　但当国与国特别是大国间关系恶化,甚至可能危及一个国家的生存时,海上运输就变得格外不安全。对于中国这样一个大国,今天能够从海上危及中国的对手,没有几个,或者说只有美国。以美国今天的海上实力,一旦跟中国交恶,掐断我们的海上运输线完全可能。在这样一种可能性前提下,就凸显出了"一带"(丝绸之路经济带)的重要性。"一带",就是在美国没有染指也比较难染指的地方开始突围突进。那么,美国要想在"一带"上拦截中国,就需要一个国家一个国家地去打通关系。目前,美国在中亚五国,也就只跟个别国家谈成了使用军用机场的协议,其他国家都没有谈下来。这些国家都对美国势力的介入保持着警惕。因此,美国要想策动这些国家跟中国作对,就得一个国家一个国家地去下工夫,这对美国来说成本将非常高。美国今天已经是一个举债度日的国家,手里没有钱,你拿什么去忽悠别人?要知道大多数国家都是唯利是图的,"不见兔子不撒鹰"——你不能给人家带来利益,还让人家卖力气帮你封锁中国,谁干这种傻事?而中国人来到这里,能给这些国家带来利益,而美国却不能。不能给别人带来利益,你就更不要指望仅仅因为你不喜欢中国,不喜欢中国的意识形态、政治制度,认定中国是挑战者,便要求其他国家配合你打压中国？ 中国又不是这些国家的挑战者，这些国家为什么要为你火中取栗？ 除非你给它的利益更大。

不过，这并不能成为我们对"一带一路"盲目乐观的理由。 "罗马不是一天建成的"。 如果我们以为形势对我们有利，就想求速胜，用"深圳速度"的方式去开拓"一带一路"，那将必死无疑。 深圳的高楼大厦可以在一夜间建起来，创造举世震惊的经济奇迹，但"一带一路"却绝无可能变成另一个奇迹工程。 我们只能追求最后的结果成为奇迹，绝不能在速度上追求奇迹。

因为"一带一路"是一个整合人心的过程，整合人心可比修建铁路、公路的速度要慢得多。 只有在"一带一路"上整合了人心，这条通道才是真正安全的，否则就会变成下围棋下出一条大龙来，最后让人拦腰几刀，被人分段吃掉。 下围棋最怕的就是下出一条大龙，而"一带一路"极易遭此命运。 所以我们千万不能在"一带一路"上追求"深圳速度"，追求奇迹效果。 要稳扎稳打，且多路突进。 不能一条道走到黑——从乌鲁木齐一直走到伊斯坦布尔，再一路突进到欧洲。 一定不能这么走，一定要像雨水浸过墙壁一样，多条线路同时展开。 所到之处，高铁、高速公路，全面开启建设。 让每一个我们到达的地区都四通八达，这样才不会被其他国家所牵制。 即使某个国家掐断了其中一条线，也没关系，因为其他的路是通的。 高铁不通高速公路通，让所有人都知道我们不会被其他国家所左右，就不会再拿这个去做文章了。

相反，如果我们一条大路通西天，那就会使自己成为唐僧肉，谁都想咬一口，谁都能咬一口，没等取到真经就被别人瓜分完了。 所以一定要多路突击。 多路突击就是为了让你手里有更多的牌，别人手里没有王牌。 更重要的是，我们要让沿途所到的国家，都从中国的发展中获利。"条条大路通罗马",而谁也不能拿其中一条大路阻止我们"去罗马",这些都是必要的战略考虑。

用太极应对"拳击"

美国人喜欢拳击。拳击这项运动典型地反映出了美国人崇尚实力的风格,直来直去,重拳出击,最好一击KO(击倒获胜)对手,一切都很明确;中国人则相反,喜欢模糊,以柔克刚,我也不追求KO你,但我要把你所有的动作都化解掉。因此中国人喜欢打太极,而事实上,太极确实是一门比拳击更高妙的艺术。"一带一路"运用的正是这种思路。

中国的兴起,让我们在美国人眼里成了新的挑战者。为了维护美国的全球领袖地位,美国人能想到的办法就是遏制挑战者。冷战时期对苏联如此,20世纪80年代对日本如此,欧元出现后对欧盟如此,今天对中国亦如此。那么,对中国而言,如何应对美国的遏制?这就有一个是"被撵下车"还是"主动下车"的问题。但不管被动还是主动,都不可避免地面临中国经济与美国经济从捆绑到脱钩的问题,这并非易事。中国今天之所以能够成为制造业大国,在相当大的程度上得益于美国市场,而美国之所以能在过去20年间GDP比此前200年的最高值整整翻了一倍,则主要不是源于其科技创新,而是得益于廉价获得中国产品和低息使用中国资本。这是一种双向的依赖。美国为什么不断发行国债,就是因为美国人没有钱。有人会说,美国人不是可以印钱吗?然而美国人很清楚,无休止印钱,美元就会无休止贬值,于是他们发明了另一个办法,就是让美国的资本项目保持顺差。也就是发行国债,从国外借钱：输出去的钱再借回来，这样就在全球形成了一个资本循坏系统。在这个循环系统中，中国成了其中最重要的一环。中国是美国最大的债主，中国购买美国的国债几度达到 20 000 亿美元，中国自身的外汇储备一度达到 40 000 亿美元，2014 年是 38 400 亿美元。中国拥有如此庞大的资本，并且成了美国最大的债主，这就带来了很多人不能理解的问题。有人说，中国这么多外汇，我们为什么不自己花掉，要让美国人享受中国的发展成果？这说明了人们对中美经济捆绑这一无奈的现实认识不够。中国为什么借钱给美国？并不是因为我们要做慈善。而是中国在 2008 年美国爆发金融危机的时候，经济与美国市场捆绑太紧，在自身经济完成升级转型之前，还无法立刻与美国经济脱钩，特别是东南沿海那些中低端产品出口，还严重依赖美国市场，美国金融危机导致美国人购买力下降，将直接冲击甚至击垮这些中国产业和企业。这种时候，要解决经济问题肯定不能用情绪化的方式，而只能通过有效的战略和策略去一步步化解和改变。

以天下情怀超越"零和博弈"

习近平主席提出的"一带一路"战略构想，正是在这样一种复杂的历史与时代交织的背景下，应运应时而生。

这是一种全球视野下的大战略思路，决非出于一国利益考虑的自私之念，而是一种"人人为我，我为人人"的天下情怀。经过 30 多年的改革开放与高速发展，中国经济已成为连接全球资源和资本市场不可或缺的重要环节。"一带一路"的提出，正是为了更有效地整合全球资源和资本，同时也更有效发挥中国业已具备的产业和资本优势，使沿途国

万里长城

家和中国一起走向共同发展和共同富裕的美好前景。 所以我们可以据此认为，"一带一路"是既有利于中国，也有利于世界的大战略选择。

同时，"一带一路"的提出，也标志着中国即将进入一个新的全球化初始阶段，这不可避免地要与旧的全球化发生这样那样的龃龉和冲突。 怎样认识这一新与旧的矛盾？ 美国著名地缘战略学家布热津斯基重提"修昔底德陷阱"说，认为中国和美国即将陷入修昔底德陷阱。 这一现象从古希腊、古罗马时期人们就开始谈论，即所有新兴国家最后都会不可避免掉入挑战老帝国的陷阱。 美国人再次提醒中国人这一点，无非就是让中国人认清自己的实力和地位，不要陷入挑战美国、导致双方相互残杀的困境。 但这种说法在今天可以说是一个伪命题。 起码美国当年从大英帝国手中接过霸权，就避免了使自己陷入修昔底德陷阱。特别是美国人在二战后提出"马歇尔计划"，借钱给欧洲人，让欧洲人买美国人的产品，既解决了美国人过剩的产能和劳动力，又拉动了欧洲的战后重建，避免了零和博弈，实现了美国和欧洲的互利共赢。 这意味着并非所有的大国崛起都一定会掉进修昔底德陷阱，零和博弈也不是大国博弈的唯一选择。布热津斯基老先生之所以重提这个概念，是因为他忘了一点，现在已经习惯于当老大的美国，太喜欢按赢家通吃的原则思考和行事了，所以才会认为中美之间有零和博弈。这是美国人自己思想认识的误区。

中美两国今天真正要警惕的是什么呢？不是中国挑战美国的修昔底德陷阱，而是美国对中国展开的"莽汉式博弈"。因为这极可能导致中国以同样的方式"硬对"，最后的结果一定不是美国也不是中国愿意看到的。

现在，中国的"一带一路"，即将掀开其宏伟的画卷，前路漫漫，波谲云诡，可以预见，中国和美国的大战略博弈，将围绕"一带一路"次第展开。对此，我们必须有充分的精神准备和清醒的战略预判，并对每一种可预见或不可预见的困难与危机，并做好足够的准备。

"一带一路"是新时期
对外开放的龙头

汤 敏

武汉大学数学系毕业；美国伊利诺伊大学国际金融与贸易硕士，国际金融与贸易、计量经济学博士；中国发展研究基金会副秘书长。现为国务院参事。

习近平总书记提出的"一带一路"是一个突破性、全局性的长期战略。"一带一路"是打造中国与相关各国互利共赢的"利益共同体"和共同发展繁荣"命运共同体"的战略大构想。丝绸之路经济带，东边牵着亚太经济圈，西边系着发达的欧洲经济圈，是"世界上最长、最具有发展潜力的经济大走廊"。海上丝绸之路将中国和东南亚国家临海港口城市串起来，通过海上互联互通、港口城市合作机制以及海洋经济合作，最终形成 21 世纪海上丝绸之路。

同时，"一带一路"也将带动整个中国西部地区的开发和开放，解决中国区域间发展差距问题，以实现新时期国内的城乡、区域间均衡性发展的大战略。因此，"一带一路"，实际上是统筹改革、开放的全新战略，是我国新时期对外开放的"龙头"。

为什么要"一带一路"？

第一，金融危机打破了"西方消费、东方制造"模式，国际分工重组。经过了这次金融危机，整个世界经济在重构。过去那种"西方消费、东方制造"的国际分工模式现在都发生了巨大的变化。美国、欧洲、日本的消费在下降，储蓄在增加，再靠借钱来消费难以为继。同时，国际经济结构性的变化对"东方制造"产生了很大的挑战。我国过去的靠大量出口、巨额顺差的模式也不得不发生很大的变化。在这种情况下，我们需要开辟新市场，调整我们的对外开放模式。

第二，全球性产能过剩加剧，需要新需求、新增长动力。产能过剩，其实不仅是在中国，实际上是全球各国都面临的大问题。最近出现的石油及大宗产品价格的下降，都跟全球性的生产过剩有很大关系。在这种情况下，全球范围内要有新需求，要有新的增长动力。

第三，国际贸易和投资规则的重构，美国主导的TPP/TTIP需要第三极来平衡。美国正在大力推动TPP（跨太平洋伙伴关系）、TTIP（跨大西洋贸易与投资伙伴协定），就其目标来看，TPP和TTIP涵盖的内容与贸易自由化的水平都远高于正在谈判中的世贸组织多边贸易规则，是依照发达国家经济发展水平而制定的贸易规则标准。鉴于美欧市场规模在全球的主导地位，TPP与TTIP一旦形成，现行多边贸易体制有可能会被边缘化。目前包括中国在内的很多发展中国家都被排除在TPP与TTIP的谈判之外，如无应对措施，美国主导下的TPP和TTIP有可能会造成这些国家的地缘经济困局。因此，需要第三极来加以平衡。而被排除在TPP、TTIP之外的国家，大部分恰好就是在这"一带一路"之上。

第四，从国内的角度看我们也需要一种新开放战略。过去30多年我们的开放战略是引进来的战略，我们把国门打开，把资金引进来，技术引进来，把产品卖出去。而这种开放模式，现在已经受到很大的挑战。最重要的是我国的比较优势发生了变化。因我国劳动工资的不断上涨，现在的基本工资加上社保等其他成本，年均一个劳动力要4 000～5 000美金。这在国际上，特别是在亚洲发展中国家里，已经是相当高的劳动力成本了。所以一大批的劳动力密集型产品要转移出去，这部分企业要"走出去"。同样地，中国是一个资源并不富裕的大国，也需要走出去开发资源。实际上，我国从 2014 年开始已经成为对外投资的净投资国。2002 年时我国对外投资还是一个很小的数字，现在已经变成世界上第三大对外投资国了。

因此，从国际宏观环境变化和国内的经济需求来看，在新时期我们需要一个新的开放战略。这个新战略可以用"一带一路"来概括。虽然它叫"一带"和"一路"，但其范围与意义远远超出了过去的那种"带"、"路"的概念。实际上这是我们新的未来开放的一个大战略。这"一带一路"，包括的国家有 65 个，人口是 44 亿，占全世界人口的 63%，它整个的外贸、外资的流入，每年增长分别是 13.9% 和 6.5%，比全世界平均增长都快很多，而且预计未来的 10 年，在"一带一路"的国家里，整个出口将会占世界的 1/3，真正成为第三极。

很有意思的是，在这 65 个国家里相当多的国家，人均 GDP 才 3 000 多美金，人口近 30 亿，跟我国就会有一个发展的差。这就有很多的机会，可以创造出非常大的市场。

如何做好"一带一路"？

"一带一路"以推动实现区域内政策沟通、道路联通、贸易畅通、货币流通、民心相通为重点，其中以中国对外投资为主的基础设施互联互通、能源资源合作、园区和产业投资合作等领域将是核心部分。因此，在很长的一段时期内，中国的对外投资、中国企业"走出去"要配合国家的大战略，抓住这个大机遇，以"一带一路"优先。

在"一带一路"上，长期以来已经形成了很多区域的、多边的、双边的合作机制。我在亚洲开发银行工作了很长时间。早在1990年初的时候，亚行就开始推动各种各样的亚太经济合作形式，如大湄公河三角区，中亚经济合作区，等等，在过去的20多年里做了很多的铺垫。各国互联互通的概念，亚太经济合作的理念都已形成了，很多的项目都已经有了初步的设计。"一带一路"将在这些基础上，把已经形成的亚太经济合作推到更高的层次上。

要真正发挥好"一带一路"的引领工作，我们需要有一系列开拓性的政策与措施。

第一，要建立有效的"一带一路"政府间协调机制。"一带一路"沿线国家多、发展水平差异大、利益诉求很不同，应尽快制定以双边为主、多边为辅的操作性强的政府间交流机制，争取我国的对外投资方向和项目与各国实现项目合作和战略对接。在有条件的地方，可以考虑成立建设合作规划编制小组，建设一批合作典型项目，产生示范效应。

第二，互联互通，基础设施建设优先。帮助沿线国家改善交通、电力、通信等基础设施，通过高铁、铁路、公路、水路等交通基础设施的互联互通、资源的合作开发、贸易与投资的自由化等一揽子安排，推动亚欧经济一体化。按照亚洲开发银行的测算，每年的亚洲国家需要7 300亿美元的基础设施投资，包括现在已经

飞奔中的高速铁路

涉及的中国、巴基斯坦、孟加拉等国的铁路公路的基础设施，还有油气管道、电力通道、通信等巨型基础设施投资，特别是在"一带"方面，在相当长的时间这个是很重要的投资方向，而这个领域恰恰又是中国的强项。 这不但在于我们有很强的土建与设计能力，还在于我们有强大的融资能力。 带资参加这种基础设施建设，各国是非常欢迎的。 根据我们在亚洲开发银行、世界银行的经验，基础设施投资回报都是相当稳健的，而且能产生很多附加的、溢出的效果，投资风险相对较小。

第三，跟世界银行、亚洲开发银行等国际组织不一样，我们的对外投资除了基础设施，还可以有其他的产业投资同时跟进。 有了基础设施，产业进去就容易发展，反过来，有了产业进去，基础设施才能发挥它的作用，才能还得起建设的钱，发挥其经济效益。 中国正处于劳动密集型产品大量外迁的时期，把一部分产业转移到"一带一路"国家去，把我们相对比较成熟的工业，如核电、轨道交通、工程、机械、汽车产业作为我们到国外投资的强项。

第四，应该尽快推出一批"一带一路"投资项目清单。 在发展中国家，积极推进若干产业园区建设，鼓励国内企业和沿线、内陆沿边地区依托现有开发区和高新技术园区，通过合作、合资等灵活方式，在境外合作建立产业园区、境外经贸合作区等各种类型产业合作区。 把基础设施投资、园区建设、资源开发和劳动力密集型产业转移项目有机地结合起来。 让参与国多方受益，特别是在就业、出口、财政收入及外债偿付能力等这些参与国最关心的领域要有显著的改善。

最后，要积极构建多元化投融资框架。 "一带一路"建设的开展离不开金融支持。 当前，亚洲基础设施投资银行和丝路基金等已经成立或正在筹备。 以这两大机构为投融资平台，去搭建更加开放的多元化基础设施投融资框架。有关部门应该支持"一带一路"沿线省份推出地方版丝路基金，并出资成立其他类型基金。鼓励国内银行与金融机构到"一带一路"国家设立分支机构；发行长期债券，特别是动员更多的私人部门的资金以公私合作（PPP）模式投资，还可以通过国际金融组织中长期贷款、外国政府开发援助（ODA）以及"联合融资"方式予以推进。

"一带一路"风险何在?

也应该看到，推动"一带一路"战略还须克服诸多难题。它将深入多个区域安全高风险地带推进，经济发展水平差异巨大，地缘政治复杂，缺乏多边自贸安排和有效投资合作机制，制约了区域内合作的深度和广度。"一带一路"还有可能挑战国际秩序，易引发大国战略冲突。

首先是大国关系问题，中美、中欧、中日，这些国家跟"一带一路"都有一定的利益冲突，对"一带一路"的推动有些疑虑。如何处理好这些关系事关重大。

除此之外，这些国家之间的经济差异也非常大，特别是政治、社会、法律之间的差别过大。这都让我们的投资者，不管是政府的投资还是民间的投资，都充满着巨大的风险。这里还涉及一个政局、民族、宗教的矛盾，又特别复杂。所以在"一带一路"，特别是在"一带"里，我们一定要有充分的思想准备。

除了外部风险，还有我国企业内部的风险。我们企业"走出去"的准备还相当不足，企业在国内政府种种政策的呵护下还能生存，走出到比较恶劣环境里还能不能生存？从总体上来说，我们的企业在还没有准备好的时候就大规模走出去、快速走出去，就有可能要交很多的学费。

除此之外，还有国家保护主义的风险，产业本身的风险、汇率的风险、金融的风险以及社会的风险。投资东道国有对环境的要求，法律的要求，劳工福利的要求，等等。这些都是我们在推动"一带一路"战略的时候面对的巨大风险和巨大挑战。

为减少风险，首先要重新梳理我国对外签订的双边投资保护协定。应该考虑根据形势的变化，特别是对那些中国企业投资较多的国家，重新修订双边投资保护协定。为防控中国企业"走出去"面临的政治风险，政府还应当建立公共信息服务平台，加强对重点国家和地区的风险评估和风险信息发布；利用外交手段同相关国家建立良好的合作关系，提供经济外交支撑。充分利用相关国际法制规则应对风险；企业应全面客观地评估重大投资交易的政治风险；积极开展多方位的公关活动，融入当地社会以缓和矛盾；主动参加包括世界银行与各地区性国际开发银行提供的海外投资保险，合理进行风险转移。

为防控中国企业"走出去"的汇率与金融风险，应进一步支持出口信贷，扩大"走出去"企业的融资渠道；国家要鼓励银行等金融企业走出去，到企业投资密集的地方去提供服务；企业应当加强对汇率与金融风险的管理，合理利用各种金融避险工具，不断降低财务风险。

最后，要提高"走出去"企业环保意识与履行环境保护社会责任行为。将环境影响评价、协议保护机制、生态补偿（生态服务费）和企业社会责任纳入其中；倡导企业树立环保理念，尊重东道国宗教信仰、风俗习惯，保障劳工合法权益，实现自身盈利与环境保护"双赢"；投资合作项目必须依法取得当地政府环保方面的许可，履行环境影响评价、达标排放、环保应急管理等环保法律义务；鼓励企业与国际接轨，研究和借鉴国际组织、多边金融机构采用的环保原则、标准和惯例。

丝绸之路经济带视角下的向西开放

夏文斌

石河子大学党委副书记、中亚文明与向西开放协同创新中心主任、中国特色社会主义理论研究中心教授，北京大学副校级干部、中国道路与中国化马克思主义协同创新中心研究员、博士生导师。 入选北京市"新世纪哲学社会科学人才"（"百人工程"），兼任全国中国特色社会主义理论研究会副会长。

新背景下的新丝路

　　丝绸之路是人类文明历程的一项重大创举。 自西汉时代张骞出使西域起，就已经开启了跨文化交流的征程，并由此带动了东西方间的经济文化的交流和互动。

　　数千年来，为什么一代代人们在丝绸之路这一漫长的古道上，翻山越岭，奔波于荒无人烟的戈壁原野中，历经许多难以想象的艰难曲折而永不停止，就是因为丝绸之路是开辟物品交易的经济发展之路，是不同文化交流的精神融通之路，是探索自然奥秘的生命探险之路。

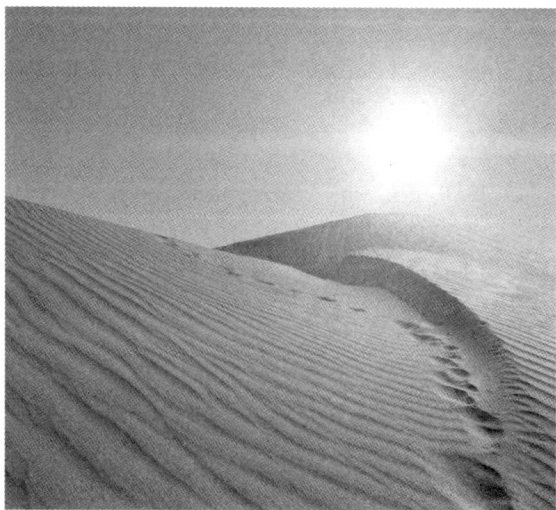

沙漠景象

在新的历史条件下，提出"一带一路"战略思想，就是要让这条千百年来造福人类的发展道路焕发新的生命力。所以，再次简单重复从张骞以来的陆上丝绸之路是不可能的，我们需要从新的经济、文化发展方式出发，从当代世界新的背景、新的走向出发来共建丝绸之路经济带。

作为世界上最大的发展中国家，改革开放以来，我国经济社会的发展如一道美丽彩虹，为全世界的和平与发展增添了新的色彩和能量，创造了举世瞩目的"中国奇迹"。

进入 21 世纪以来，世界经济由于金融危机所带来的后续振荡效应，尚没有完全走出经济低迷的状态，中国经济社会在走过了 30 多年高速发展的同时，也出现一些结构性的问题和挑战。世界将向何处去？中国该如何在经济新常态下走得更好更快？我们必须未雨绸缪，防患于未然。丝绸之路经济带的提出，是影响和优化世界经济社会发展格局的一个大手笔，必将给中国现代化的高速列车提供新的能源和动力。

在国际政治经济秩序深刻变动、经济全球化呈现新的态势、国内发展方式面临重要转变的宏观背景下，向西开放成为我国进一步融入和参与国际经济合作和世界分工的必然选择。诚如李克强总理指出的："向西开放是中国全方位对外开放的重大举措。"将向西开放放到丝绸之路经济带的整体战略中来统筹思考，就会使得我们进一步明晰向西开放的意义、目标和重点任务，进一步把握丝绸之路经济带的内涵和系统要素。

西北地区乃至全国向西开放面对的首要对象和重要阵地是中亚地区。无论是历史还是现实，中亚国家都在各种力量博弈中占有事关全局的重要战略地位。从地缘政治的重要性来看，中亚国家地处亚欧大陆的中心位置。早在 19 世纪，英国著名地缘政治学家麦金德曾经发出预言：认为谁统治了中亚，谁就控制大陆心脏；谁统治大陆心脏，谁就能控制世界岛；谁控制世界岛，谁就能控制全世界。这是著名的"麦氏三段论"。中亚国家在古代丝绸之路中承担着贯通东西必经要道的重要连通作用，现在独立后的中亚等各国已被重新定位于"欧亚桥梁"，这也是各国实现资源富国战略最理想的对外经贸文化通道，复兴这条古丝绸之路日渐为欧亚国家所高度重视。并且今天的中亚国家政治总体稳定、发展经济势头猛烈，有着丰富的能源资源，是一个潜力巨大的市场，所有这些都为我国的向西开放提供了丰富的战略合作和双赢题材。

中国和中亚国家有着悠久的、和平的历史情缘。这是我们共建丝绸之路经济带和提出向西开放战略中最重要的历史情感基础。1941 年是我国抗日战争最艰难的时候，我国著名的音乐家冼星海到了中亚哈萨克斯坦的阿拉木图，当时他贫病交加，而哈萨克斯坦的音乐人拜尔达莫夫向他伸出了援助之手，帮他治病，同时与他交流音乐和文化，也正是在这期间，他写出了著名的民族解放音乐《满江红》等，并且为哈萨克斯坦的民族英雄阿曼盖尔德写了交响乐。这是中哈两国人民结下深厚历史友谊的见证。

中亚、南亚和西亚国家资源能源丰富，经贸合作前景看好。这些国家不仅地大，而且物博。广袤的土地资源适于农牧业发展，是粮食、棉花、畜产品的重要产区。特别是中亚五国蕴藏着更丰富的能源和矿产资源，包括石油、天然气、有色金属和黑色金属资源。哈萨克斯坦已探明 223 个油气田，石油探明储量为 48～59 亿吨，占世界总储量的 3.3%。据哈方专家评估，2025 年之前，哈萨克斯坦原油探明储量占世界储量的比例将提升到 5.5%，哈萨克斯坦总的潜在原油储量为 120～170 亿吨，其中 60%以上集中在哈属里海水域。已初步探明中亚天然气可采储量为 10 多万亿立方米，地质储量为 25～30 万亿立方米。

随着改革开放步伐的加快，我国经济得到迅速发展，已成为世界第二大能源消费国，自身能源储量已无法满足需求。没有能源，中国的现代化建设将失去自然动力。能源安全关系到国家的经济安全。目前，中国石油消费主要依赖于中东供给，马六甲海峡是唯一的运输通道。而马六甲海峡不仅交通拥挤、过货速度慢，而且易受到外来力量的制约，不确定因素难以掌控，加上我国海上运输主要依靠外资货轮，这些不利因素会对我国能源安全产生严重影响。中亚地区能源储量丰富，被誉为"第二个中东"，中亚与中东、俄罗斯并称为世界三大产油基地。而且中亚能源还处于初期大规模开采阶段，能源发展潜力非常大。丰富的矿产资源，为中亚国家民族经济的振兴奠定了坚实的基础，提供了持久的动力，也为丝绸之路经济带提供了源源不断的"加油站"。以前我们主要依靠中东，但近一段时间以来，我们和俄罗斯、中亚有广泛深度的合作，使我们的能源安全更加平衡、全面。显然，构建一个安全高效的战略资源通道，是关系到中国和世界经济可持续发展的大问题，也是关系到丝绸之路经济带可否带来持久效益的大战略。

中国西部邻国巨大的市场潜力和日新月异的发展速度，给我国向西开放提供了有力的支撑。一说到霍尔果斯口岸，相信不少人都去过，几年前我怀抱美好的憧憬去了那里，感觉人气并不是传说中的那么旺，而2014年我带着团队再次去调研时，看到川流不息的人群，我有一种深深的感慨，开会时特意请来一些常年做边贸生意的人，他们向我们表示近几年政策非常好，和中亚地区的经济社会合作加深，生意越来越好做。目前的霍尔果斯口岸已经实现进出口 200 万吨，出入境人数 300 万人次，前景一片繁荣。繁荣的背后其中有一个重要原因是邻国哈萨克斯坦的国民经济发展也取得了很大成就，哈萨克斯坦国民经济部部长叶尔博拉特·多萨耶夫于 2014 年 9 月 15 日宣布,到 2019 年哈萨克斯坦的国内生产总值将增加到 4 000 亿美元。多萨耶夫指出:"预计,哈萨克斯坦国内生产总值实际增长速度为 5% ~ 6.8%。同时,人均国内生产总值将从 2015 年的 1.39 万美元增长到 2019 年的 2.14 万美元。"土库曼斯坦总统古尔班古雷·别尔德穆哈梅多夫在 2014 年 9 月 11 日政府工作会议上宣布,自年初以来,国内生产总值增长了 10.3%。近几年来,中亚地区的经济增长一直处于 5% ~ 10%,同期世界平均经济增长速度不超过 3%。可见,中亚地区的发展速度很惊人,而这正和中国一样,是很大的增长极,一旦联手之后,将会迸发出更大的能量来影响和改变整个世界的进步和发展。

中亚地区经济的快速发展,人民生活水平的不断提高,使之作为巨大消费市场的潜力进一步显现。由于工作关系,我近期赴哈萨克斯坦等国进行学术文化交流三次,每次去都感觉到很大的发展变化,感觉到当地人民越来越富裕,越来越自信,他们对中国经济发展都表示由衷的佩服,对中国商品和到中国旅游都充满了期待。石河子大学有 350 名留学生,绝大多数来自中亚、南亚和西亚,我曾多次与他们交流,问他们为什么选择中国?选择新疆?他们几乎都异口同声地回答:将来想到中国发展,做边贸生意等。我想他们的表达更进一步证明向西开放迎来了前所未有的良好发展机遇。

"两个大局" 与向西开放

邓小平早在 1987 年就指出:"沿海地区要加快对外开放,使这个拥有两亿人口的广大地带较快地先发展起来,从而带动内地更好地发展，这是一个事关大局的问题。内地要顾全这个大局。反过来，发展到一定的时候，又要求沿海拿出更多力量来帮助内地发展，这也是个大局。那时沿海也要服从这个大局。"

党的十八大报告提出，要"促进沿海内陆沿边开放优势互补，形成引领国际经济合作和竞争的开放区域，培育带动区域发展的开放高地"。就是说，如果仅仅只有东南沿海的深圳开放，西北地区总是封闭落后，我们的发展成果是不可能惠及整个中国的。

我们正在向着全面建设小康社会的目标前进，但是对于中国这样一个发展还不平衡的大国，仅仅有北京、上海、深圳建设小康社会，当然不能标志着我们中国已经全面进入小康社会，还需要包括像沿边地区等这样相对落后的地区进入小康，才是真正意义上的小康社会。2015年5月初我参加了由北京大学牵头发起的中国道路与中国化马克思主义协同创新中心签约仪式，参加的有中央党校、吉林大学、《求是》杂志等研究学术的高端机构，北大还吸收了包括广西壮族自治区、新疆维吾尔自治区等五个自治区的高校参与其中。大家在会上达成共识：中国道路要真正走得更宽、走得更远，要真正实现中华民族伟大复兴，必须要让包括新疆在内的边远地区、相对落后地区进入到现代化的康庄大道。

在"一带一路"《愿景与行动》中，确定21世纪海上丝绸之路的核心区是福建，丝绸之路经济带核心区是新疆，而新疆需发挥向西开放重要窗口作用，形成丝绸之路经济带上重要的交通枢纽、商贸物流和文化科教中心。毫无疑问，在丝绸之路经济带视角下向西开放的滚滚洪流中，古老而美丽的新疆正迎着朝阳，蓄势待发。

从地域上来说，接近中亚的新疆是丝绸之路经济带的交通枢纽中心。我的感触很深，每次我从乌鲁木齐到北京要3个半小时到4个小时，而从乌鲁木齐到哈萨克斯坦仅需一个半小时，很多生意人从乌鲁木齐到中亚国家都能够早出晚归。

通过经济成本核算来说，以陆路向欧洲运送货物要比通过海运节约接近1/3的时间，新疆借助丝绸之路经济带建设，正全力打造以伊宁、霍尔果斯、奎屯、喀什、乌鲁木齐五个城市（口岸）商贸物流中心为主的新经济引擎。

大美新疆、神奇新疆，因为新疆有丰富的历史文化底蕴，这里多宗教并存，各种文化相互碰撞、相互交融。英国历史学家汤因比在和池田大作的对话时说过，如果让我再活一次，我愿活在公元1世纪佛教已传入时的新疆。还有著名学者、北大教授季羡林曾说过，希腊文明、穆斯林阿拉伯文明、印度文明、中国文明是伟大的，称之为四大文明，真正交汇的地方只有一个——新疆，别的地方没有。季羡林先生曾任北京大学副校长，我曾多次与他交流，他的每句话都有丰富的历史文化支撑，他能够对新疆文化有这样的评价，我想这是新疆历史文化的实至名归。当然，我们现在一项重要任务，就是要通过先进文化、现代文化去引领这一悠久历史文化。

向西开放：目标与任务

对于我国来说，要完善开放格局、提升开放水平，就必须向西开放，在继续完善东南沿海开放格局的同时，也应该认识到东南沿海面临一些复杂的情况和一些不稳定因素，这就更凸显我们要加强向西开放。如果把对外开放比作一列奔驰的列车，东南沿海和西北开放就如同车的两轮；如果把对外开放比作鲲鹏展翅的话，东南沿海和西北开放则为鹏之两翼。 缺了西北，只有一个车轮，缺了西北，只有一只翅膀，对外开放就不可能跑得更远，飞得更高。 我国对外开放战略需要全方位、多向度的实施，而向西开放和沿海开放更应当成为对外开放总战略的"车之两轮"和"鸟之两翼"。

我们向西开放还有一个重要的目标和任务，就是为国际经济社会秩序的优化发展提供重要的支撑。 中国的大国崛起正在逐渐完善和优化世界经济社会的秩序，特别是包括中国、俄罗斯在内的金砖国家所形成的新型国家联合体、新型国家战略合作平台的建立，一个新的话语平台在形成，这个新的平台不是否定世界上已有的国际经济社会秩序，而是进一步丰富、提升世界经济社会格局。 事实证明，仅由美国和少数发达国家决定世界发展大势的状况需要改变。 自习近平主席上任以来，就在不断强化我们国家在世界和平进程中的地位和作用。 他多次表示我们不能陷入修昔底德陷阱。 修昔底德是古希腊著名历史学家，他提出当崛起国发展到一定程度的时候，必然会和已经强大的守成国形成一次又一次的碰撞冲突。 目前有一些人以为，中国作为正在崛起的大国，其走向强大的时候必然会和以美国为代表的现代化强国之间形成激烈冲突。 习近平主席提出的丝绸之路经济带，题中之意就是要避免掉入修昔底德陷阱。 中国和平崛起是为世界发展增添新的身影和新的色彩。 中国的文化讲究和而不同，中国元素是世

敦煌壁画

界和平发展的独特元素,是维护世界和平的独特力量,会为世界和平贡献自己的一分力量。丝绸之路的精神元素最主要的就是和平与合作,无论是西汉的张骞、东汉的班超,还是唐朝的玄奘、明朝的陈诚,他们的西域之行都是为了传播和平,促进合作,而今天丝绸之路经济带同样也是要传播和平,促进合作。

向西开放:要有新举措

在《"一带一路"愿景与行动》中,中国提出"五通"的行动要略:政策沟通、设施联通、贸易畅通、资金融通、民心相通。这是我国向西开放的行动指南,更是向西开放能否取得成功的关键词。

政策体系与法律法规的完善是推进向西开放的根本保障。从国内来讲,我们需要进一步加强顶层设计,深入研究中国西部地区在向西开放中所遇到的新情况和新问题,对不适应向西开放的法规条文进行调整和修正,同时积极主动地推进制度创新。从国内外交流交往的层面上,我们需要加大与中亚等国家在法律法规和相关政策上的交流对接,以促进交往便利化提升效率为目标,删繁就简,重在实效,真正打通影响我国向西开放的法律政策瓶颈,从而让国内外的创造活力在开放的大潮中竞相迸发。在我们到新疆边贸局和一些企业家交谈时,大家感到最大的困惑是对中亚、南亚、西亚很多法律法规不适应、不熟悉、不了解,因而走了很多弯路。2014年我们就请来了中国的法学、边贸专家到中亚去,大家共同交流如何在交往便利化过程中减少边贸的政策性、法律性的一些障碍。石河子大学和对外经贸大学共同成立的中国边贸研究中心也就是要重点解决新疆在边贸过程中所遇到的一些瓶颈性问题。

对外开放要拓展，基础设施应先行。要加快中吉乌铁路和中巴铁路的建设进度，积极参与国家规划的中俄蒙哈阿尔泰山区域交通等一系列工程。当前，虽然中亚国家的经济发展速度惊人，人民生活水平提高较快，但是和我们的经济和开放还有一定的差距，特别是基础设施的建设方面。我们正在启动的中巴经济走廊，起点在喀什，终点在巴基斯坦瓜达尔港，全长 3 000 公里，北接"丝路经济带"、南连 21 世纪海上丝绸之路，是贯通南北丝路交通枢纽，是一条包括公路、铁路、油气和光缆通道在内的贸易走廊，同时是"一带一路"的重要战略组成部分。

当前中国要充分利用我国基础设施建设实力雄厚的优势，积极向西拓展基础设施项目。在 2014 年的 APEC 会议上，中方提出要建设亚洲基础设施投资银行，这无疑会极大地推进我国周边地区的基础设施建设。

我们要巩固与发展同中亚、南亚、西亚国家的睦邻友好关系，增进政治互信。由于各种政治力量的相互博弈，国际政治交往呈现复杂的情形。无论如何，中国走和平发展之路的决心和信心是不变的，同时这也是世界的主流。为此，就需要我们在求同存异的基础上，坚持政治互信。为此，我们要进一步加强和扩展与这些国家常态性高层互访，逐步建立和完善在各领域沟通与磋商的政治机制，在互信的基础上加强战略合作。我的一位朋友是全国道德模范马军武，他和他的妻子常年值守在中哈边境的桑德克哨所。"一生只做一件事，我为祖国当卫士。"2014 年习近平主席来新疆接见他时，马军武掷地有声地说了上面一句话。他的哨所大概 100 米以外就是哈萨克斯坦，夫妻两人坚忍着孤独，20多年如一日地坚守中哈友好的界碑。 这是边疆安全的界碑，是希望的界碑、精神的界碑。 我们西北地区的一个个边防哨所，都是与邻为伴、与邻为善、睦邻、安邻的典型和榜样。

我们要在上海合作组织框架下加强与西部邻国的安全合作，合力打击恐怖主义，探索应对非传统安全协调机制，强力打击"三股势力"。上海合作组织2001年成立，每年召开一次峰会，更多地以安全和发展为主题，在西部地区安全形势面临严重挑战的背景下，我们更需要通过上海合作组织等平台建立目标统一、相互协调的合作机制，反应迅速、行动有效的应急机制，全面完整、操作便利的信息共享机制，牢牢构筑安全稳定带。

我们要广泛拓展公共外交，丰富周边和谐稳定的内容。 我国西北地区与中亚、南亚、西亚等国家有着天然的民族文化联系，这既有利于双方经贸上的沟通互动，也有利于发展和谐的民族关系。 我们要继续利用各种形式，丰富和拓展与中亚、南亚、西亚的公共外交、民间外交，增强不同国别之间人民的政治包容、理解与互信。 2014年我和同仁在哈萨克斯坦期间，我驻哈使馆的同志专门请我们到大使馆进行交流，大使馆的同志告诉我们现在中国与哈萨克斯坦是前所未有的政治外交的"蜜月期"，但是要把中国和哈萨克斯坦及中亚的政治友好外交延续下去、巩固下去、发展下去，仅仅靠外交大使馆的同志，靠高层推动是远远不够的，还需要你们这样的学者和文化使者来共同打造公共外交、民间外交，使得友好团结的纽带更加坚固。 大使馆同志的真知灼见，也提醒我们需要从新的角度、新的方式，去推进向西开放。

"一带一路"扩展中国外交大舞台

姚培生

毕业于北京外国语学院俄语系，1995 年至 2005 年先后任中国驻吉尔吉斯斯坦、拉脱维亚、哈萨克斯坦、乌克兰大使。 现为中国亚非交流协会理事，中国国际问题研究基金会研究员，当代世界研究中心特邀研究员，中国公共外交协会会员。

共建"一带一路"倡议是世纪性倡议

2015 年 3 月，习近平主席在博鳌亚洲论坛指出，"一带一路"建设不是空洞的口号，而是看得见、摸得着的实际举措，将给所覆盖的国家和地区带来实实在在的利益。我认为，"一带一路"以交通基础设施建设为重点，根据沿线国家的实际需要，将我国与周边亚欧国家发展战略对接，编织共同利益网络，让周边国家从中国发展中受益，同时我们也从与周边和沿线国家的共同发展中受益。一句话，共同发展，相互受益。

说到这里，我就想起国外某些人故意曲解中国的倡议，比如"扩张论"、"威胁论"、"走西方殖民主义老路"等等。这类伪命题的实质就是不希望中国强大，害怕中国一旦真正强大，会与发展中国家一起改变现今的国际政治秩序和经济秩序，大大增加发展中国家的话语权。如此，搞强权政治的少数国家就不会舒服了。他们当然不愿意看到这一天，所以就不停地制造麻烦，绞尽脑汁用政治、经济、军事各种手段削弱中国的影响。还在 20 世纪 90 年代，西方一些国家利用联合国人权会议，借口中国人权问题，连续 10 次搞反华提案，但没有一次得逞，最终灰溜溜收场。根本原因是我国实行改革开放政策后国际影响力不断扩大，绝大部分发展中国家站在中国一边，始终力挺中国。所以，当我们的国际话语权变得越来越多的时候，千万不要忘记这些发展中国家对我们政治上的宝贵支持，特别是非洲的兄弟，是我们真正的朋友。

那些将快速发展的中国与西方老殖民主义类比的人，别有用心地说中国也要走那条老路。实际上，对历史，中国人最有发言权。西方殖民者走的发家之路，实际是害人利己的血腥之路，中国是最大的受害者。中国在鸦片战争中得到了什么？战争、割地、赔款、饥饿、死亡、眼泪……每一个有良知的中国人不会，也不应该忘记那段屈辱史。因此，当少数国家在国际上拿人权问题压制中国的时候，中国驻联合国大使斩钉截铁地回答他们："你们看看自己的历史吧，你们没有资格妄评中国的人权！"

实际上，中国是世界上最仁慈最温和的大国：受人之惠，始终铭之；你敬我一尺，我还你一丈。中国人不忘他人之恩的秉性源于中国几千年的传统文化价值。这里，我有必要提一下古丝绸之路。尽管它是东西方民族一起走出来的，但是这条路上形成的和谐、包容、平等、友善的遗产与中华民族的贡献是密不可分的，海上丝绸之路也是这样。郑和下西洋主要是互通有无，交换物产，结交海外友邦，而不是屯兵用武、攻城略地、搞殖民主义，尽管那时中国有足够的条件和实力。

还有，从福建武夷山起始，经蒙古、俄罗斯到达欧洲的万里茶道，也体现了中国文化中的和谐、大度、包容。利用历史上的万里茶道，加强中蒙俄之间合作的倡议，也是习近平2013年3月首访俄罗斯时在公开演讲中提出的，他在2013年实际提到了"一道、一带、一路"三条线。可见共建"一带一路"的倡议是有历史基础的。

现实基础是什么呢？就是我国与周边国家加快发展、提升合作水平的需要。例如，20多年前，中亚地区新独立国家与我国建交后不久，就开始探讨复兴丝绸之路问题。1994年春，我陪同当时的国家领导人首次访问乌兹别克斯坦、土库曼斯坦、吉尔吉斯斯坦、哈萨克斯坦4个中亚国家，双方都提到了古丝绸之路。当然，那时还局限于增加公路、铁路运输量的具体问题，还不是现在这种站得较高、看得较远的构想。随着双边经济往来不断扩大，大家都需要规模更大的合作规划。共建"一带一路"的倡议正是随着宏观经济发展变化而提出来的，而不是突发奇想凭空而来的。2015年3月28日，国家发展改革委员会、外交部、商务部联合发布了《推动共建丝绸之路经济带和21世纪海上丝绸之路的愿景与行动》（以下简称《愿景与行动》）。这个文件对习近平主席2013年提出的倡议作了最权威全面的阐述，描述了倡议提出的背景，确定了共建原则、框架思路、地方开放态势和中国已有的共建基础以及最终目标。文件对福建的区位优势有明确描述。我听福建同志说正在加快规划，以早日实施。

哈萨克斯坦的清真寺

需要指出的是，"一带一路"兼顾了国内国际两个大局。先说国内这个大局，主要是加快中西部地区的发展，因为目前无论是经济的量还是质都比东部地区有很大差距。福建发展很快，但省内也有不平衡的地方，跟长三角地区相比还有一些差距。根本问题也是内外联通不够。我认为，中国未来的整体发展必须靠开发中西部地区来带动，这是国家十几年前就确定的战略。

　　国际人局，简而言之就是要与周边邻国和"一带一路"沿线国家扩大合作的体量，提升合作的速度。以中亚地区为例，它是我国对外经济合作中的一个亮点，甚至可以说，中亚地区是双边合作成果最多也是最有合作前途的地区之一。但目前的状况仍难以从根本上满足各方的需要，必须找到突破口。

　　所以，《愿景与行动》是很重要的指导性文件。当然一开始对规划也出现了一些不同意见，担心搞这么大的规划可能会遇到大风险。我亲耳听到过对可行性持怀疑态度的论调，这可以理解。因为他们有一种误解或错觉，以为我们提出倡议就是大包大揽。

外交为建设"一带一路"提供保障

　　实施这一工程的核心原则是"共商、共建、共享"。共商就是要与有关国家或地区组织进行谈判沟通，这就是外交。我认为，围绕共建的所有外交活动可称之为"一带一路外交"。虽然沿线多数国家支持中方的倡议，有加强与中国合作以获得发展的愿望。这是实施"一带一路"的基础。但这些国家的差别也不小，主要有：国情的差异性——大部分是发展中国家，经济水平不一，人口、幅员大小不一；历史、文化、宗教的多样性；地缘政治地位和经济地位的不均衡性——有的是结盟国家，有的还是中立国家，等等。这些差别给中国外交带来新课题，需要做全面深入的调研，需要投入大量的外交资源，而外交就是要为建设"一带一路"提供政治法律保障。

　　什么叫作政治法律保障？习近平主席提出的"五通"问题，里面涉及很多领域，比如金融领域的货币怎么对接？交通领域的铁轨怎么对接？ 现在在讨论建设从北京到莫斯科的高铁，长达七八千公里，但双方的轨距不一样。 目前客车过边境还要把车厢吊起来换轮轨，高铁恐怕到时不能这样了，光这一个技术问题恐怕要费不少精力。 还有很多法律方面的文件必须通过外交谈判达成一致，大部分文件主要由外交部牵头谈，其他部门参与。 可以肯定的是，共建进程必然会丰富新时期中国外交的理论和思想，这是相互促进的过程。 共建"一带一路"是大事，绝对不是小事。 两年前我们对它的意义看得还不是很深刻，现在可以较清楚地看到它的前景。 可以喻之为促进内外联通、提速国家整体发展的"助推器"。

今天讲"一带一路"与中国外交，觉得有必要回顾一下新中国的外交史。 新中国成立以后，一直坚持独立自主的和平外交政策，在世界上赢得了广泛的赞誉。 尽管随着形势的变化，中国对外政策也做过多次调整，但独立自主的原则始终牢牢坚持，从未放弃过。 即使在建国初期对苏联采取"一边倒"政策期间，新中国外交独立性也没有丢弃过。 周恩来当年多次提出，为了抵抗美国对我国的威胁，跟苏联结盟是必要的，但"不能把自己的党和国家的独立性丢掉"，"不盲从照搬"苏联经验，"在战略上是联合，但战术上不能没有批评"。 我们国家那时刚站立起来，面对的是旧政府留下的烂摊子，经济上一穷二白，但对苏联这个大国没有任何乞求，没有一点奴颜婢膝。 这充分显示了新中国外交政策鲜明的独立性。 当然，苏联确实为我国初期的经济建设作出了很大贡献，我们一直没有忘记。 习近平主席不久前访问俄罗斯并参加反法西斯战争胜利 70 周年纪念活动期间，专门接见了帮助中国抗日的苏联老战士和参加援华建设的苏联老专家代表。

1978 年邓小平提出改革开放以后，根据形势变化中国对外交政策做了较大调整，最主要的就是确立了"不结盟、不对抗、超越意识形态"的方针。 通过调整，我国争取了更多朋友，扩展了国际政治空间。 没有这样的调整，我国不可能在相对安定平静的国际环境中获得发展机遇。 2001年，中俄签署《中俄睦邻友好合作条约》，其核心就是相互友好永不为敌。 很多同志曾问我，我们跟俄罗斯现在怎么走得这么近？ 要不要考虑自己的利益？ 我说，当然要考虑自己的利益，再好的朋友也要考虑自己的利益。 我们与俄罗斯建立全面战略伙伴关系是形势发展的需要，符合两国的眼前利益和长远利益，更利于地区和国际局势的稳定。 中苏两个大国对抗造成了怎样的后果，历史对此已作了很好的注解。 邓小平1989年5月在会见苏联总统戈尔巴乔夫时说了八个字："结束过去，开辟未来。"这是战略家的语言，一般政治家是想不出的。 这八个字概括了两国关系那段沉重的历史，更展望了共同发展的美好远景。 我们现在跟俄罗斯采取不结盟政策，是双方都吸取教训的结果。 大家看到习近平最近与普京见面时，双方都强调两国之间要进一步提升战略伙伴关系水平。 这个方针我们不会变，我想俄罗斯今后也不会变。 这么大的两个邻国只有合作，才能同时有利可图，任何形式的对抗总是两败俱伤。 我认为，经过多年努力，中国与俄罗斯和中亚国家已初步成为利益共同体和命运共同体，其主要标志是：在重大国际问题上双方立场基本一致或相似，在国际事务中能够担当责任；在双边交往中政治上相互尊重，互信不断加强，在务实领域进行平等互利合作。

现在历史进程又到了一个节点：中国已经成为世界第二大经济体，今后跟国际社会怎么进行更加紧密的合作，建立更多的联系？ 是沿袭传统的方式继续走下去，还是要不断创新找到新的突破口？ 国内外历史经验证明，大至一个国家、一个民族，小至一个企业、一个组织，如没有创新就不会有活力，只能是跟着别人求生存。我们看到，美国政治制度弊端日显，国内问题成堆，但社会总体上能保持活力，领先经济、科技发展水平，主要得益于创新理念。李光耀说美国往往能在困境中展现神奇的创新能力。我认为，这与美国的人才政策有直接关系，因为美国历来广纳天下精英。精英就是有独创精神的人。特别在科技领域，他们有超前的理念，有独辟蹊径的能力。

以习近平同志为总书记的党中央站在历史的新高度，通过总结30多年改革开放的经验，对中国未来的发展作出了新的战略部署，而为实现这些部署，对外交政策又做了一系列调整。习近平关于建立以互利共赢为核心的国际关系的主张，是对中国外交理论和思想的重大贡献。这一主张对稳定我国与大国的关系，促进我国与周边邻国以及其他地区国家的关系至关重要，对破解"一带一路"上的许多难题有指导意义。

在此，我想与大家分享一下外交工作的体会。外交是神圣光荣、令人羡慕的职业，但搞外交的同志应该具备什么基本素质呢？周恩来曾对中国外交人员讲过三句话：站稳立场，掌握政策，精通业务。我着重讲第一条。一个外交官首先应绝对忠于祖国、忠于人民，把国家的利益放在第一位，才会有奉献精神，为了祖国可以随时牺牲自己的一切利益甚至生命。新中国建立以来，我国外交舞台上形成了一支立场坚定、纪律严明、训练有素、业务精通的队伍，涌现了很多可歌可泣的优秀外交官。我举一个例子，外交部有一个大使，叫符华强。他曾在非洲我驻乍得使馆工作。1980年，这个国家发生政变引起内战，他奋不顾身组织使馆人员撤离。在这个过程中，符华强自己却被子弹打中背部流血倒下，当时送到医院只进行了简单处理，以为只是擦伤了外皮。

但此后他总感到后背的隐痛。直到 2003 年例行体检时医生才查出他背部有一粒子弹，它竟跟了符华强 23 年！这个同志最优秀的品质是从不夸夸其谈、自吹自捧，而是默默无闻、辛勤劳作。他提职比其他同时进部的同志要晚些，但他从未有过怨言。外交部党委就此作了专门决定，号召全部同志全体党员向符华强同志学习。

常听人讲搞外交很风光，这个可以理解，因为这项工作能使人见世面，学到很多东西。但是外交工作的艰辛很多人并不知道。如果没有奉献付出的精神，没有坚强的意志和良好的体魄是很难适应的。比如礼宾工作，乍一看好像很简单，不就是安排宴请、迎来送往吗？其实现在的礼宾工作在外交部是极苦的差事，因为高层互访密度大，一年到头活动一场接一场，特别是多边活动，每个参与的同志更是自始至终绷紧神经。这个工作不是一厢情愿的事，事先商定的日程常常因无法预见的变化而不得不重做，前功尽弃不是个案。为保证不出任何差错，他们加班加点，争分夺秒，在单位时间内要完成比别人多几倍的工作量。吃不饱饭或吃不上饭，睡不好觉或睡不成觉是常事。我国成功举办2008 年奥运会、2010 年上海世博会、2014 年 APEC 峰会和其他许多大型外交活动，外交部礼宾司同志立下了汗马功劳。我认为，他们这种高度的责任心和奉献精神来自高度的爱国主义情怀。因为他们深知，一个不经意的失误可能会造成难以挽回的损失。他们实际上是为维护和提升国家形象挥洒汗水。很多外国友人和重量级政要均赞扬中国的礼宾工作属世界一流。我陪团出访过，也在国外多次接待国家领导人访问，我最了解这项工作。当然，外交部其他部门比如领事工作也是很费心费神的。近年来，为了维护我境外公民、同胞的利益，领事司和其他有关司局各级领导甚至部领导半夜三更起来处理急案已成常态了。

那驻外使馆工作是不是轻松些呢？ 也不是。 我给大家讲些故事。大概20世纪90年代以前，去使馆工作的人，等于暂时跟亲人分离，一去少则2年、4年，多则6年甚至8年，与家里亲人只有书信联系。 当时根本没有现代通信条件，一个月的工资可能只够打几分钟的国际长途，更没有手机和电脑。 思乡之苦是现代人体会不到的。 那么书信是怎么从国内送到使馆个人手里的呢？ 其实都是通过外交信使利用递送机要文件之机顺便带过去的。 除了驻美国、法国、德国、英国、苏联等大馆一周去一次信使外，中小使馆是一月去一次。 这样一算，中小使馆一个人一年最多得到12次信。 因此，那时使馆同志最兴奋最盼望的日子，就是信使的到来，因为他们携带着亲人的宝贵信息。 由于当时国家经济困难，外交开支有限，驻外使馆的外交官大部分是独自一人，夫人不随任，很多人长期与孩子分离，孩子幼小时不认爹不叫爹，长大了也只愿意跟外公外婆或爷爷奶奶一起生活。 造成这种感情隔阂甚至永久隔阂的现象还不是个别的。

还有，在非洲很多国家，恶劣的气候和可怕的疾病严重损害了馆员的健康，威胁着馆员的生命。 在某些国家，使馆同志很容易染上疟疾，俗称"打摆子"，患病率90％以上，有些同志从此终身患病，有的甚至殉职在岗位上。 大家现在知道的"埃博拉"病毒蔓延非洲多个国家，那里都有我国大使馆。 面对这种致命性病毒，使馆同志不但不能退却，相反要坚守岗位。 近年来日益猖獗的国际恐怖活动也时时威胁着外交官的生命安全。 因此，外交也是个高风险职业。 国际法规定，随员级别以上的所有外交官享有一种免受任何侵犯的特权——外交豁免权。

我在这里讲外交的艰苦并不是诉苦，而是想告诉大家，绝大部分的中国外交官，无论在国内还是国外都能以苦为荣，能够经受一切艰难困苦的考验，因为大家心中始终有祖国。随着国家实力的增强，从 20 世纪90年代起，我国外交人员的待遇不断得到提高，目前基本上做到了与国际接轨。不但配偶可随任，连孩子也可带在身边在当地上学，外交人员的父母都可以出国探亲。

祖国强大是外交的后盾

我在大使岗位上共举办了 12 场国庆招待会，每次我都会发表讲话，讲话的底气一年比一年足，感觉一年比一年好。为什么？因为应邀来的客人都发自内心地祝贺我国各方面的成就。不管是当地的执政党代表还是反对党代表，都称赞邓小平是战略家，没有邓小平就没有改革开放，没有改革开放就没有中国的今天。他们是看得很明白的。我给大家讲一个真实的故事。我在一个国家认识了一个级别较高的政府官员，严格地说他是一个"反党分子"。我曾组织他们夫妇到中国旅行了一趟。他回国后感触颇深地说："如果我生在中国，我自然也会加入中国共产党这个执政党。"我相信他的话是发自内心的。有比较才有鉴别，他是比较了自己国家的状况才流露出这种思想的。

我们为国家的快速发展感到自豪，但不应过分自满，因为我国目前还不是全面发展的强国，要冷静地看待所取得的成就。国内有些专家说中国很快会成为超级大国，甚至十年后可能超过美国。这种振奋人心的预测可以理解。但是我国要真正赶上美国的水平，无疑还需要几代人的努力。先不说这个量，质方面的差距也是明显的，很多产品的核心部位我们自己还做不了，例如大飞机的发动机。解决这类难题还需要时间。即使我们软硬实力都有质的提高，能与美国并驾齐驱，也不宜称自己为超级大国。邓小平 20 世纪 70 年代在美国演讲时，用坚定的语气说，中国今后即使发展了也不做超级大国。我认为，超级大国在现代概念中不是一个平等待人的国家，它的特征和毛病就是凌驾于他国之上，指手画脚，欺负别人。我们不应该这样。我们成为真正强国后也仍应该坚持平等相待、以理服人的原则。中国一直主张建立新的国际经济秩序和政治秩序，新在何处？新在全球性问题应由各国一起商量决定，而不是由一两个国家拍板说了算。二战后建立的国际金融机构如国际货币基金组织（IMF），里边的改革方案要经美国国会批准，这种规定合理吗？我相信，中国倡议建立的亚洲基础设施投资银行不会是富人俱乐部，而是由所有成员国共同操作的投融资平台，一定会获得成功！

"透明海洋"拓展中国未来

吴立新

物理海洋学家、中国海洋大学教授、中国科学院院士。 清华大学工程力学学士，北京大学力学系硕士、博士，留美 11 年从事科学研究，2005年回国至今任中国海洋大学"筑峰工程"第一层次教授。 国家杰出青年基金获得者，教育部"长江学者"特聘教授，国家自然科学基金委创新群体学术带头人，科技部重点领域创新团队学术带头人。

纵观中国历史，我们从来没有像今天这样重视海洋；海洋强国之梦，也从来没有像今天这么近。我们从事海洋研究的人，应该有这样的责任和信心，在国家海洋战略发展的重要时期，承担起历史赋予我们的责任。今天我将分四个方面来谈海洋。

"碳排放"与气候变暖

21 世纪是海洋的世纪，习近平总书记讲得更直接，"21 世纪是太平洋世纪"。从这个角度讲，把海洋列为国家整个大的发展战略，既是民族复兴之路，也是时代之所需。我们常说海洋是生命的摇篮，是风雨的故乡，是气候的调节器，是资源的宝库，是交通的要道等，但今天看海洋实际是一个非常复杂的系统，里面包含有各种不同尺度的运动，承担着海洋中能量与物质的输运。尽管我自己从事海洋研究多年，今天从全球的角度看海洋，依然感觉非常奇妙。

我们讲海洋的可持续发展，首先看 21 世纪人类到底面临怎样的问题。第一个大的问题就是气候。2014 年的 APEC 会议上，我们国家提出 2030 年碳排放达到峰值，美国承诺到 2025 年在 2005 年基础上碳排放减少 28％。"中美两国合作好了，可成为世界稳定压舱石"。所以，今天气候是非常重要的问题，而且常常决定了经济、社会等多个层面的关系。 第二个是水资源问题。 现在地球上淡水资源越来越少, 过去在全球所有大的水循环研究计划里面, 很少考虑海洋, 这不仅是科学上的误区, 而且是管理层面的误区。 实际上, 全球水循环中, 86％的蒸发来自海洋, 78％的降水是落到海洋里面, 从这个角度讲, 海洋控制着全球的水循环。 第三个是能源的问题, 这常常决定着国家之间的关系。 美国能源全方位战略调整影响到其对中东的战略。 我们讲能源, 特别是可持续清洁能源, 一个非常重要的来源就是海洋。 另外一个是食品问题。 据统计, 海洋中生物资源总量高达400～600亿吨, 生物物种达18万种之多, 是陆地物种的3倍, 能够为人类提供1 000倍于现有耕地所能提供的食物, 是未来人类摄取蛋白质的主要来源。

海洋强国梦的实现需要深度认知海洋, 需要海洋科技的发展。2014年两院院士大会上, 习近平总书记专门讲了创新驱动发展的问题。习近平总书记的讲话让我们感觉肩上的担子沉甸甸的。 在海洋强国建设中, 我们从事海洋科学研究的人, 应当发挥什么样的作用?

21世纪海洋科学的前沿问题可以归纳为以下六个方面: 一是认识今天正在变化的海洋、气候和水循环。 二是海洋观测与预测, 即观测海洋中发生的现象、过程以及预测与这些有关的事件。 三是复杂的近岸问题。 现在全球几乎40％的人口居住在离海岸100公里的范围内, 日益加剧的人类活动对近岸、近海环境带来巨大影响。 四是非平衡生态系统问题。 建设海洋强国不能以牺牲海洋环境为代价, 否则不可持续。 现在北京和很多地方, 每天早晨起床要先看看今天的PM2.5是多少。 我们不能像对待陆地那样对待海洋, 我们不仅需要, 而且要确保一个健康的海洋。 五是研究海洋的底部、热液和冷泉的发现让我们对海底有了新的认识, 海底是漏的。 六是洋壳与板块动力学。 在这些科学问题的背后,有人类居住的环境问题,有食品的问题,有矿产资源和能源的问题等。 科学与人类社会、经济发展的需求是相辅相成的。

再来看海洋与气候的关系。 可以说海洋与气候是今天的一个超级科学,因为它几乎包含了各个学科层面的问题。 我们现在关心碳排放与全球变暖问题,实际上大约50％的人类活动所排放的碳被海洋吸收,超过90％的由于温室气体增加所造成的盈余热量被海洋吸收,所以海洋既是碳汇,也是热汇;海洋的蒸发是大气中水汽的主要来源,也是大气环流的重要驱动力;海洋与大气的热量交换,是地球气候系统能量流最重要的部分之一,可以调控气候的长期变化。 我国地处东亚季风区。 水汽主要来自西太平洋、南海和印度洋,只要这些海域的海温有变化,就会影响东亚地区水汽输送通道的变化。 研究不透这些水汽输送大动脉的变化,就没有办法预测我们国家气候的变化。 还有台风问题。 一般强度的台风没有什么可怕的,但如果是超级台风,那就不一样了。 2005年的"卡特里娜"飓风将新奥尔良市一夜之间摧为废墟,2013年的"海燕"造成数千人死亡。 未来这样所谓的超级台风发生的频率会不会增加,目前还没有答案,但确实是国家可持续发展必须要搞清楚的事情,这就需要我们研究海洋。 1998年对中国人是很难忘的,几乎半个中国处在一片汪洋之中。 如果未来再发生类似的洪水,整个国家的经济发展将面临巨大的挑战。 1998年的中国洪水滚滚,澳大利亚却沙尘满天,如此的旱涝不均,一个重要的诱因是赤道太平洋的海温变化,就是常说的"厄尔尼诺"现象。 这样的超级"厄尔尼诺"现象发生的频率在未来会不会增高? 不幸的是,我们最近的研究发现,随着二氧化碳的不断增加,像1997年、1998年这样的超级"厄尔尼诺"现象会变得越来越频繁。

　　西北太平洋同样也存在着海温的变化。20 世纪 70 年代中期发生一次从冷到暖的变化，这就是所谓的 70 年中期气候突变。最早发现这一现象的不是海洋与气候学家，而是渔业学家，因为他们在北太平洋发现一些三文鱼的种类及数量在这个时期发生了很大的变化，实际上这种变化在大西洋乃至全球都能检测到。搞清楚未来西北太平洋这种海温突变的频率以及持续时间会发生怎样的变化，对海洋渔业资源管理与开发将提供重要的科学指导。但遗憾的是，我们目前对西北太平洋海温为什么会发生突变，以及持续多长等问题认识很有限，更谈不上预测。如果可以构建起西北太平洋海洋观测与预测系统，使其变成"透明"，就可以对这个海区环境、气候、资源的变动有很好的把握。

海洋鱼群

　　中国海洋研究必须走向深远海。抛开国际形势不说，在过去的 50 年，全球平均地表温度增加了 0.5～0.8℃，大家感觉暖和了一点，但不是特别明显。但是，如果没有深海大洋对热量的平衡，气温增加的也许是 5～8℃，那后果将不堪设想，甚至会带来社会、经济结构根本性的变化。

最近十多年，国际上有一个一直在争论的重大气候变化问题。温度统计数据显示，20世纪90年代末以来，尽管二氧化碳在持续增加，但全球平均气温不再有明显的增暖趋势，即所谓的增暖停滞现象。如果这样的停滞趋势能持续二三十年或更长时间，对我国经济的发展及减缓碳排放压力会有所帮助。所以，不管是从国家还是全球发展的角度，对全球变暖停滞发生的机理、持续时间及社会、经济和环境效应等方面要及时开展研究。最近我们中国海洋大学物理海洋教育部重点实验室的陈显尧教授在《科学》（Science）发表论文提出了全球变暖停滞与热量被北大西洋深层吸收紧密相关，在全球引起巨大反响，以至于这个过程被称之为"深海炸弹"。这些热量到了深海，跑哪儿去了？北大西洋作为全球重要的热汇，会不会饱和，什么时候饱和？这种"深海炸弹"对深海环境会造成什么影响？电影《后天》展现了随着全球气候变暖，深层环流的停滞带来了一系列灾难及冰河时代的来临。很遗憾，我们目前对全球2000米以下的海洋几乎一无所知，我们有没有可能在未来的5~10年让2000米以下的海洋变成"透明"。

我们再来谈谈近海问题。如果说深远海目前是战略问题，那么近海是我们每天都要面对的问题。中国近海目前面临着多重压力，近海生态系统的健康问题很突出。富营养化、污染严重，另外，中国近海在近30年，增温非常显著，其速率大约是全球平均的5~10倍，这种快速增温带来了渔业资源、海底天然气水合物资源不稳定等一系列问题。如水母喜欢高温，温度越高，生长越快，也就是说未来几十年，如果近海增温速度不变，中国近海将有可能被水母占领，从而改变中国近海的生态结构，使渔业资源面临巨大挑战。现在我们谈海洋管理，我个人在不同的场合都说过我们可能走向了一个误区：没有基于坚实的海洋科学基础。 海洋管理要有一个前提，是基于海洋生态系统健康，还是基于海洋资源或是权益上的管理，这些都需要我们与海洋科学紧密结合起来。 今天的海洋科学研究，一定要把气候、环境、资源结合起来进行研究。 近海可再生清洁能源开发是应对气候变化的一个重要举措。 根据海洋局 908 专项对中国近海的调查预估，中国近海蕴藏大概 15 万亿千瓦的发电量。 但是我们做海洋能源开发，不管是海流能、波浪能、温差能、潮汐能，甚至是海洋生物燃料能等，都要把海洋状态、过程、变化搞清楚。

今天我们谈可持续发展，实际上涉及三个方面：经济、社会、地球生命支撑系统，这三个方面互相关联。 而对于海洋来说，就是蓝色经济、海洋与人类社会，以及海洋生命系统。 海洋可持续发展今天带给我们的一个重大科学问题就是：在全球变化背景下海洋环境多尺度变化及气候资源效应预测问题。 这里讲的多尺度包括时间、区域及空间三个维度。 时间尺度从秒、分、时、日，一直到年代甚至世纪等更长的尺度，区域尺度包括从近岸、近海、深远海、极地，而空间尺度包括从湍流尺度、中尺度、海盆尺度、行星尺度。 这是由海洋系统本身的复杂性所决定的。 要解决这一重大科学问题，我们需要将海洋变成"透明海洋"。

"透明海洋"的发展瓶颈

"透明海洋"是指针对特定海区，实时或准实时地获取和评估不同空间尺度的海洋环境信息，研究其多尺度变化及气候资源效应机理，并以此为基础，预测未来特定一段时间内海洋环境、气候及资源的时空变化，使其成为"透明海洋"。因此，"透明海洋"包含状态透明、过程透明、变化透明三个密切关联的层面，其实现途径包括观测、认知、预测三位一体的研究。我不觉得这个概念有多新，只是我们国家在过往的发展战略里面，没有很好地将这三个方面有机结合起来。要实现"透明海洋"，需要开展四个方面的协同研究，包括观测、机理与预测的协同、科学与技术发展的协同、海洋系统多学科交叉协同，以及海洋研究与人才培养的协同。而在我们国家，由于机制体制问题，观测、机理与预测三方面的联系松散，观测资料缺乏连续性、系统性，共享程度低、关键观测仪器被国外封锁，科学与技术发展脱节、科学研究与人才培养结合不紧密、多学科交叉的人才培养体系亟待完善。这些已成为制约"透明海洋"实现的瓶颈。

海洋观测非常复杂而且昂贵，在一定的程度上体现了一个国家的经济实力。海洋观测系统包括水下移动平台、固定平台、卫星观测平台以及数据集成与产品四个组成部分。特别值得一提的是全球海洋 Argo 观测网，可以说是海洋观测史上一次革命性的进展，它首次让科学家在自己的办公室就可以知道全球海洋上 2 000 米正在发生的变化。Argo 观测网计划在全球布放 4 000 个左右的浮标，目前已基本实现，大部分来自发达国家，我们国家目前的贡献大约在 100 个左右，这与一个大国的地位和身份很不相称。

现在的 Argo 浮标只能观测到海洋的上 2 000 米，国际上正在酝酿第二轮 Argo 计划，向 2 000 米以下的深海延拓。目前美国、日本、法国等正在大力研发深海 Argo 浮标技术，以占领新一轮深海竞争的制高点。作为一个负责任、有担当的大国，在新一轮深海 Argo 观测大计划中，我们应该怎么办？这不仅是挑战，更是一次难得的机遇，是我国深海大洋研究实现跨越式发展、抢占制高点的契机。把 2 000 米以下的深海大洋变成"透明"，揭开深海大洋的神秘面纱，让我们对深海环境、深部生物圈、资源等有很好的认知和把握。

在相当长的一段时间，西北太平洋关系到我们国家的海洋核心利益。但是这么多年过去了，这个地区的海洋观测系统一直没有建立起来。我们今天的航天事业发展很迅速，可以飞得很高、很远。作为海洋学家，我希望我们也可以下得很深、很远。我一直有一个梦想，希望能在西太平洋、南海、印度洋构建起支撑我们国家海洋战略的观测系统。作为一个负责任、有担当的大国，我们应当为全球的海洋可持续发展作出应有的贡献。热带太平洋锚定浮标阵列可以实时把海洋表层和次表层温度、风速等测出来，并通过卫星传到地面，这为 ENSO（厄尔尼诺—南方涛动）预报提供了极为重要的资料。但现在，由于缺乏资金维护，有几乎一半的浮标不能工作，西太暖池区的浮标原来由日本布放和维护，但现在由于经费原因，也面临困境。在这个问题上，我们怎么做，需要好好思考和筹划。如今的海洋观测，实际上不单单是简单的传统仪器，更需要海洋新技术的革命。2014 年上半年习近平总书记在两院院士大会上，讲创新驱动发展的时候提到了"机器人技术"以及"大数据技术"，这两样技术对实现"透明海洋"尤为重要。

与观测同样重要的是预测。马航 MH370 飞机失踪后，全世界都希望能找到残骸，这可以通过粒子追踪技术，反推失事海区。法航 447 的搜寻就是一个很好的例子。20 世纪全球最快的计算机是日本的"地球模拟器"，是当时的日本政府根据气候学家的意见投资建造的，再后来就是欧洲的"活的地球模拟器"，美国的"蓝基因"计算机，目前全球最快的计算机"天河二号"在中国天津。这些全球最快的计算机很重要的一个用途是用来模拟和预测地球气候系统的变化，而海洋作为地球气候系统的重要组成部分，其模拟和预测需要这些超级计算机的支撑。 "透明海洋"的实现离不开超大规模计算机的支撑。

有人问什么是"透明海洋"，是不是原来有污染不透明的海区，通过修复变成透明。 当然不是。 "透明海洋"是通过复杂的观测和数据预测系统把海洋的状态、过程和变化搞清楚。 海洋如此之大、之深、之复杂，实现"透明海洋"必须做好规划。

"透明海洋"计划的实施

"透明海洋"是一个大科学计划，需要分步骤、有序来进行推进，要从透明陆架海、透明南海，向透明西太平洋-印度洋以及南大洋和两极推进。 前几天我在天津大学新成立的海洋科学与技术学院访问交流，谈到未来发展方向，我问他们是否能够整合天津的科研力量实现"透明渤海"。 环渤海的经济发展给渤海的生态系统带来巨大的压力，渤海的环境承载能力已很有限。 "透明渤海"是掌握在人类活动与气候变化双重胁迫下渤海环境与资源变化的关键途径，是科学管理渤海，保持环渤海经济可持续发展的重要保障。

不只是渤海，实际上如果能实现我们国家"透明陆架海"，将对我国东部陆架海的可持续开发利用及管理提供重要的支撑。 但到目前为止，我国陆架海的长期观测系统以及预测系统很不完善，这种不完善主要体现在学科交叉以及长期连续观测能力上。 如黄海冷水团是我国东部陆架海最为突出的一个现象，其温度及空间区域变化对渔业资源影响巨大，但我们尚未形成对这一重要现象的多学科长期连续观测系统，这制约了我们对其变动以及随之产生的渔业资源变化的预测水平。

海洋观测的一个重要任务是要为预测服务。 中国海洋大学作为国家的一所战略型大学，不仅要实现"透明陆架海"，更要放宽视野，努力推进"透明西太平洋-南海-印度洋"计划的全面实施。 为此我们充分利用青岛作为国家重要海洋研究基地的优势，联合上海交通大学、中国科学院海洋研究所、国家海洋局第一海洋研究所、北京大学等重点涉海科研单位，创立了海洋科学与技术青岛协同创新中心，为实现"透明南海-西太平洋-印度洋"这一重大建设任务，从四个方面进行了战略性的规划。

一是技术突破。 在现有观测技术难以支撑国家海洋发展要求的情况下，着重加强深海观测系统关键设备与技术研发，特别是水下浮力平台观测技术，形成核心自主产品，提升观测能力，突破国外封锁。 二是观测网拓展。 着力提高观测网的时空分辨率，从单一观测拓展为多要素综合观测，形成立体、实时、多学科的观测网。 三是理论突破。 深入开展西太平洋-南海-印度洋环境、气候、资源的协同研究，力争在海洋环境多尺度变化机理及气候资源效应等方面取得重大原始创新。 四是预测构建。 逐步有序构建起西太平洋-南海-印度洋气候预测系统以及针对国家具体要求的区域预测系统，即多层次、多学科、多目标的预测体系。

在国家海洋强国建设战略的有力支持下，经过不断地与国际接轨、与海洋科学前沿接轨，"透明海洋"计划的实施取得了一系列的阶段性进展。 受观测网建设需求的驱动，一批关键技术迅速发展，形成了海洋科学与技术的良性循环发展机制。 初步建成了西太平洋-南海-东印度洋观测系统，深海观测能力快速提升。 海洋变化透明机理研究取得突破性进展，近三年来针对全球变暖与西太平洋-南海-印度洋的相互作用研究取得了一批原创性成果，国际影响力不断提升。模式系统的协同发展为预测系统的建立奠定了良好的基础。国际合作大计划的发起使一大批科学家登上了国际领军舞台。2014年10月，中心借中国海洋大学90周年校庆之机在青岛召开了全球海洋峰会，第一次将全球顶尖海洋机构的领导者聚集到一起，共同探讨海洋发展问题，推动了当前已有的海洋观测框架在全球范围内的实施和协同发展，为当前海洋观测体系中各要素的有机整合及实施过程中的机制创新提供了支持；同时，会议展示了诸多当前海洋科学发展中对服务社会需求有重要意义的新的研究领域，将这些新的观测与研究纳入已有的观测体系，不仅能获取更多的数据，加强海洋与气候响应模式的发展，还将增加对已有观测系统的支撑与投入；会议号召全球的科研力量就全球海洋资源的可持续利用问题进行探索和协作，通过建立一个可持续的、综合的全球海洋观测系统，对全球海洋的长期未来发展给予诊断、预测及应对，维护地球系统的可持续发展。此次会议签署了《未来海洋青岛共识》，围绕李克强总理在希腊谈到的中国海洋科学发展观问题，通过国际研究机构的合作，构建和平、和谐、合作关系，将"透明海洋"计划推向了更深更远的层次。

谈未来

在系统的规划指导下，"透明海洋"计划的实施取得了卓有成效的进展。"透明海洋"的建设要完成什么目标，下一步的路该如何走？我认为主要是四方面。一是形成一批海洋观测、探测和预测关键设备

波涛汹涌的海洋

的研制技术，带动我国海洋仪器产业的发展。二是构建西太平洋-南海-印度洋观测和预测系统，建成"透明西太平洋-南海-印度洋"，形成支撑海洋科学与国家重大海洋战略需求的能力。三是建立西太平洋-南海-印度洋多尺度能量、物质输运和交换的重大基础理论，形成新的具有国际水平的海洋环境、资源与气候前沿交叉学科体系，引领我国深海科技的发展。四是建立3~5个世界一流的深海研究创新团队，创建培养深海复合型人才的新模式，形成满足海洋科学与技术协同创新需求的人员聘用、人才培养新模式，成为国际海洋领域交流与合作最为活跃的平台之一。

海洋科学传统上包括物理海洋、海洋地质、生物海洋、化学海洋四个学科。但今天海洋科学的发展不仅需要四大学科的深度交叉，而且也需要分子、机器人、通信、纳米、卫星等技术学科的支撑，以及大气、数学、信息、生命、管理等相关学科的融合渗透。只有各学科有效交叉，我们才能做好海洋科学研究，满足国家战略发展需求，解决全人类共同的问题。海洋科学的发展，海洋强国建设，每个人都可以找到用武之地，需要我们共同的努力。

"透明海洋"计划应国家海洋强国战略需求提出，是可持续发展的必经之路。希望我的解读能带来更多思考、更多挑战，使"透明海洋"从概念到理论到实践都更加明确。

航运开道、法律护航

当代海上丝绸之路建设的法治思考

赵 微

毕业于中国人民大学法学院，现任大连海事大学法学院教授、博士生导师、海公法研究中心主任，大连市海公法研究基地主任。 研究方向：海上刑法。

在世界政治多极化、经济全球化、海洋争端复杂化的新时期，中国提出在21世纪重建海上丝绸之路的战略思想彰显了海洋大国尊重历史、追求和平、造福人民、与沿岸各国人民共谋发展的宏伟志向。我们清醒地看到，建设海上丝绸之路的核心动力在于搭建东亚、南亚、西亚、东非、北非及欧洲等一带国家之间的海上经济贸易平台，促进商品交换和文化交流，其终极目标是在"平等合作、互利共赢、开放包容、和谐和睦"的原则下实现科技创新、文化交融和贸易往来，给广大民众带来现实的物质实惠与精神享受。但是，实现这一伟大战略目标必须遵循一个内在的逻辑关系——航运能力提升首当其冲，法律制度保驾相伴左右。

建设 21 世纪海上丝绸之路的开篇之作是航线开通与港口建设

尽管"商品"与"服务"是贸易往来与经济合作的聚焦点和主旋律，但是建设21世纪海上丝绸之路的首要问题却是海上航运线路开通与港口设施的建设，因为，没有航运便没有往来，没有往来便没有交换，没有交换便没有互惠互利、互通有无，海上丝绸之路的战略便无从谈起。当下，经历30多年改革开放的中国已由"内向型经济"转型为"外向型经济"，截至 2013 年，中国对外贸易运输量的 90％通过海上运输完成，沿海港口货物吞吐量、船舶制造业雄踞世界第一。 "2012 年，中国海洋经济规模已经超过 5 万亿元人民币，在国民经济中的比重接近 10％，中国对外贸易运输量中的 90％是通过海上运输完成的，海洋油气生产已跨入大国行列，沿海港口货物吞吐量、船舶制造产能、海水养殖和捕捞等，均居世界第一[①]。"由此，中国有能力凭借较强的海运实力构筑综合而联动的面向海洋、联通欧亚大陆、造福沿海民众的对外开放格局，把中国和经济带沿线国家的临海港口城市串联起来，实现经济协作、文化融合、共同繁荣的战略目标。 首先，对内以上海自贸区为先导，加速上海、宁波、泉州、厦门、广州、北海、防城港、钦州等港口城市以及长江经济带、珠江—西江经济带的海洋经济发展进程；其次，对外以重点港口建设为突破，加快推进海上通道互联互通建设，尽快实施沿线巴基斯坦瓜达尔港、孟加拉国吉大港、斯里兰卡汉班托塔港等印度洋战略性港口等重大基础设施建设，促进中国—东盟自由贸易区建设的升级。

以航运能力提升为龙头的海上丝绸之路战略得到相关国家的认同。马尔代夫总统亚明充分认识到参与和支持海上丝绸之路建设的重要意义，为了承担沿海国的义务，率先出台了一系列海运工程建设方案以期尽快提升航运能力，包括建造连接首都马累与机场岛的跨海大桥、在马尔代夫北部建设大型国际转运港以及升级改造马累国际机场等项目[②]。斯里兰卡投资促进部部长拉克什曼·阿贝瓦德纳也认为，建设海上丝绸之路将为斯里兰卡的经济腾飞带来历史机遇，将使斯里兰卡崛起为新的

---

① 国家海洋局长：中国海洋事业大发展历史机遇期已来到，人民网，2013 年 11 月 8 日。
② 马尔代夫总统：中国已成为马尔代夫最亲密和最有力的发展伙伴，新华网，2014 年 8 月 15 日。

世界航空、海运、能源、商贸和旅游中心[1]。

集装箱港口

总之，作为海上航运基础性设施的港口与通道是一切经贸活动的前提条件，必须事先做好铺垫。

海上丝绸之路建设需要政策与法律的先行引导和支持

政策与法律具有创设规则和引导社会行为的功能，因而他们对社会生活具有不可替代的规制和调控作用。作为一项持久的宏大工程，21世纪海上丝绸之路的建设涉及沿岸几十个国家和近百个港口城市，必须有政策与法律的引导和支撑才能有序进行。沿岸国家在政治制度上既有社会主义国家，也有资本主义国家；在经济发展水平上既有发达的国家，也有很落后的国家。面对多元的政治、法律、经济和文化背景，尽

[1] 专访斯里兰卡投资促进部部长阿贝瓦德纳，中央政府门户网站，2014年9月14日。

管中国对丝路建设具有很大的信心，并投入 400 亿美元设立丝路基金、实施系列金融举措以表明建设"一带一路"的决心，但是，丝路战略的推动仅仅依靠人力、财力的支持远远不够，还必须充分考虑各个国家之间现存的交往现状及其解决争端的相关国策。作为一项国际性的经济与文化战略举措，必须具有前瞻性的整体规划与政策支撑，以引领国家之间的合作行为，保障其未来的发展不至于偏离了各国合作共赢的初衷。当然，每一项政策的贯彻和实施也需要通过正当的协商渠道和严格的运行机制加以保障。如果在沿岸各国政府及其民间经贸主体的权利义务分配上缺少多边协商与共识，便难以在公平合理的法律制度框架下满足利益主体的多维诉求，丝绸之路的建设和发展也会陷入迷茫之中。换言之，如果国家之间因为历史遗留的主权之争或现实的利益分割出现了意外或失衡等问题，便很可能会引发新的矛盾出现，不但会阻碍经济贸易的有序往来，甚至也会干扰国家之间的正常交往。尽管"市舶之利最厚、若措置得宜所得动以百万计"[①]，但是"市舶之利"的生成需要安全的海上运输秩序与友善的邻里关系为支撑，如果没有上述因素的保障，则难以获得"市舶之利"。我国在这一问题上曾经有过历史教训，明朝时期由于海外倭寇对我沿海地区的侵袭和滋扰，人身和财产遭受极大的威胁，朱元璋不得不于公元 1371 年 12 月下令"禁濒海民私通海外诸国"[②]，洪武十七年（1384 年）更是下令"禁民入海捕鱼"[③]。禁海令限制了海外贸易自由，严重阻碍了我国海上经济发展，

①《宋会要辑稿》官职四四，北京图书馆影印本 1936 年版。
② 参见《明太祖实录》卷 139，南京江苏国学图书馆影印本 1940 年版，转引自安峰：《明代林海政策研究》，2008 年山东大学硕士学位论文，第 11 页。
③ 参见《明太祖实录》卷 159，南京江苏国学图书馆影印本 1940 年版，转引自安峰：《明代林海政策研究》，2008 年山东大学硕士学位论文，第 12 页。

如果说在当时的历史条件下禁海是被动的无奈选择，那么若干年后解除海禁令时，构建起由国家加强海运监管和控制海运的法律制度却是一种积极的政策导向。明朝建立了由市舶司管理收税、政府管理贸易资格的海上运输监管体制，充分展现了海洋政策与法律对海上经济贸易的重大影响力。对海洋实施监管的目的一方面是实现人身与财产的安全保障，另一方面也是增加财政收入的一项国策。正如某学者所言：明朝非以禁止官、私海外贸易为基本国策，并未刻意隔离中外，除了与日本之间的贸易一直因倭寇问题而未充分展开以外，与其他国家的朝贡贸易始终进行，朝贡贸易以外的民间对外贸易在嘉靖大倭寇平息以后的隆庆到明末的约 100 年间是合法的①。

海上丝绸之路战略要求沿岸国家提升国际公约的履约能力

美国著名法人类学家埃德蒙顿·霍贝尔曾指出："人类越文明，对法的需求就越大，人类创造的法也就越多。法只是社会需要的产物②。"作为一项综合工程的丝绸之路建设必然要求有法可依、有章可循。法治既是丝绸之路建设的前提和基础，又是丝绸之路可持续发展的根本保障。丝路建设不只是民间组织的交往，也是国家之间的合作，因而此处所讲的法治不是哪个国家的国内法治环境，也不是某几个国家之间根据多边条约所创设的法律规则，而是在遵守国际规范的前提下所共同建立的航运法律秩序，信守国际公约是构建航运秩序的应然选

① 参见赵轶峰：《重谈洪武时期的倭患》，载《古代文明》2013 年第 3 期，第 95 页。
② ［美］霍贝尔著，严存生译：《原始人的法》，法律出版社，2006 年版，第 6 页。

择。 目前国际社会对海上船舶设施配置和船员安全标准等问题已经出台了诸多公约，按照条约必须信守原则的要求，凡是公约的缔约国和参加国都需要严格遵守公约的相关规则，"各缔约国为履行条约义务或将条约规定的权利落到实处，既要做出积极的作为，即采取一切适当的立法、司法、行政和其他措施落实条约的规定，同时也要做到消极的不作为，即不得实施任何与条约不符的行为和做法[①]。"否则，如果各个国家在船舶安全标准和船员上岗资质上各自为政，海上通道安全便无从谈起。 中国作为丝绸之路的倡导者，有义务率先积极履行国际义务，对于业经全国人民代表大会批准的国际公约，要积极带头在立法、执法与司法层面履行公约规定的义务。 为了保证海上通道安全，应当按照 1966 年《国际船舶载重线公约》、1976 年《商船（最低标准）公约》、1978 年《海员培训、发证和值班标准公约》的规定检验海上船舶和船员资质；在船舶航行过程中严格遵守 1972 年《国际海上避碰规则》、1973 年《防止船舶污染海洋公约》、1974 年《海上人命安全公约》、《1979 年国际海上搜寻救助公约》、《1989 年国际救助公约》等国际公约的要求，以维护海上安全秩序、保障安全和清洁的海洋环境。 近年来全球范围内大规模人员伤亡型的海难事故发案较多，既说明海上安全管理与监督制度的乏力，也暴露了海上船舶自救与他救能力的严重不足。 《联合国海洋法公约》第九十八条专门规定了船长的"救助义务"，以敦促每个国家责成悬挂本国旗帜航行的船舶船长"救助在海上遇到的任何有生命危险的人"，要求每个沿海国促进海上"搜寻、救助服务"以及"相互的区域性安排与邻国合作"。 为

---

① 高秀东著：《国际刑事条约在中国的适用》，中国人民公安大学出版社，2012 年版，第 40 页。

此，中国应当主动承担起海上救助与搜救义务，联合沿岸国家强化救助与搜救能力，"大海无情人有情"，有效控制海难事故人员伤亡率也是海上通道安全的必然要求。

海上丝绸之路战略催生沿岸国家构建通行的航运安全标准

海上丝绸之路建设以港口为节点、以船舶运输为纽带，通行的制度标准与规范的管理模式将是经济带沿岸各国绕不开的核心问题。 具体而言，在海上航运领域需要沿岸国家遵守符合国际行业规范标准的船舶登记制度、船舶检验制度、船舶签证制度、航线管理制度、船员培训及保护制度、海上救助打捞制度、国际航运保险与税收制度、海洋生态保护制度等等，只有通过制度约束，才能克服人性的弱点，减少人为因素控制秩序所带来的风险，使一项事业长期而持久的存在和发展下去。 拿海洋环境保护来讲，亚洲有必要学习欧盟的做法尽快建立船舶污染的预防和惩罚制度，否则，丝路沿岸人民尚未享受合作成果便可能失去洁净的家园。 同样是船舶污染海洋环境，亚洲与欧盟的处理结果却大相径庭，给我们诸多启示。 例如，2001 年 6 月 13 日，一艘驶往马来西亚并装载了 600 吨有毒的工业化学苯酚和 16 吨柴油的印度尼西亚油轮在新加坡对岸的马来西亚南岸倾覆，周围 85 个养殖场的鱼和海贝全部因苯酚污染而死亡，此事故处理结果仅仅是民事赔偿。 而 2002 年在西班牙发生了 "Prestige" 号重大溢油事故，欧盟在此案之后的应对措施极大地促进了欧洲海洋环境的改善。 当时 "Prestige" 号泄漏的原油和燃油在加利西亚海岸绵延 300 多公里，沿线海洋生物大批死亡，12 万渔民顿时失业，政府投入 4 200 万欧元进行清污工作仍未能挽回几十万只海鸟和水獭的生命。 此事件促使欧盟出台了一系列保护海洋环境的法律制度：禁止单壳油轮运输重油、禁止方便旗船进入欧盟水域、用一套通用的方法调查海上事故、对过失污染事故责任人也要进行刑事处罚等。 上述规则与法令给我们的不只是观念上的启示，更重要的是通用的海事调查规则的确立以及刑事司法机关对过失污染海洋事件的介入。

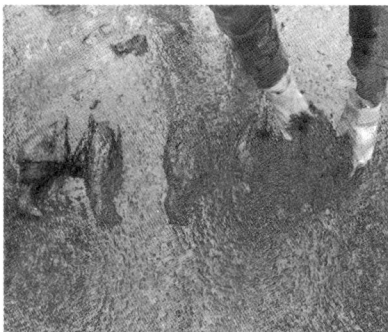

2002 年巴哈马油轮"Prestige"号在西班牙海岸重大溢油事故现场

海上通道安全亟待执法与司法的联合保障

美国前总统约翰·肯尼迪曾预见性地指出："控制海洋意味着安全、控制海洋就意味着和平、控制海洋就意味着胜利。[①]"而实际上只要有海上人类活动，海上安全问题就会成为不可回避的话题，安全风险一方面来自于自然界，如海啸、台风、海潮等现象，另一方面来自于人为因素，如海盗、海上战争、海上武装抢劫等犯罪行径。 值得欣慰的是，经过两次世界大战之后，1945 年《联合国宪章》为了把人类从战乱

---

① 参见[美]阿尔弗雷德·塞耶·马汉著,范利鸿译:《海权论》,陕西师范大学出版社,2010 年版,第10 页。

引向和平,在序言中明确指出:"我联合国人民同兹决心欲免后世再遭今代人类两度身历惨不堪言之战祸,重申基本人权,人格尊严与价值,……彼此以善邻之道,和睦相处,集中力量,以维持国际和平及安全。"为此,作为传统安全的海上军备竞争、海上威胁与战争已与我们渐行渐远,而海洋环境安全、信息安全、走私贩毒、恐怖主义犯罪、海盗、洗钱、非法移民等非传统安全问题却日益严重地困扰着现代社会,海上经济带的商船运输难免遭遇上述安全问题的侵袭。 例如,巴基斯坦长期以来处于恐怖主义威胁之中,虽然政府和军队曾经对境内恐怖组织实施过大规模军事打击,但反恐安全形势始终没有得到改善,2011年卡拉奇的一处海军基地遭到枪手攻击,持续17小时的对峙当中造成至少10人丧生、2架飞机被毁。 2014年在卡拉奇真纳国际机场的重大恐怖袭击事件中共造成23人死亡,其中包括安全部队人员。 对于经济带的安全局势,国家主席习近平早在提出建设海上丝绸之路战略思想的同时已有深刻认识,他特别提出防灾救灾、网络安全、打击跨国犯罪、联合执法的合作倡议。 德国著名法学家耶林指出:"没有任何强力的法律徒有虚名","没有强制的法律则是不燃烧的火,不发亮的光"。 无疑,应对海上非传统安全的有效对策便是加强海上执法与司法,沿海经济带国家应当在如下几方面加强海上安全秩序的维护:

其一,在联合反恐、特别是在惩治海盗、海上武装抢劫等犯罪问题上加强司法合作,制订专项打击对策。 近年来海盗犯罪已经由亚丁湾转向了亚洲,2015年1月到5月是近5年来实际海盗事件记录数量最多的时间段,经报告的案件总共有80起,包括75起实害事件和5起未遂事件。 这一数量与2014年同期相比增长了近19%。 2015年5月份亚洲地区经报告的海盗和武装抢劫事件总共有20起,比4月份高出

19％，而且，这些事件大多数发生在马六甲和新加坡海峡（SOMS）①。对于海盗犯罪和海上武装打劫犯罪我国现行刑法虽然没有设置准确的罪名，但是相关国际公约对于惩处海上暴力犯罪有明确的立法规定，按照我国刑法第 9 条的规定，"对于中华人民共和国缔结或者参加的国际条约所规定的罪行，中华人民共和国在所承担条约义务的范围内行使刑事管辖权的，适用本法。"由此，我国可直接适用国际公约惩治海上国际犯罪，即对国际刑事条约采用"纳入"方式。②

　　1982 年《联合国海洋法公约》明确规定了海盗犯罪的构成要件并其刑事管辖原则，第 105 条规定："在公海上或在任何国家管辖范围以外的任何其他地方，每个国家均可扣押海盗船舶或飞机或为海盗所夺取并在海盗控制下的船舶或飞机，和逮捕船上或飞机上人员并扣押船上或飞机上财物。扣押国的法院可判定应处的刑罚，并可决定对船舶、飞机或财产所应采取的行动，但受善意第三者的权利的限制。"联合国安理会第 1846（2008）号决议中第 14 条明确吁请所有国家，特别是船旗国、港口国和沿岸国、海盗和武装抢劫行为受害者和实施者的国籍国以及国际法和国内立法规定拥有相关管辖权的国家，按照适用的国际法，包括国际人权法，合作确定管辖范围并调查和起诉索马里沿海海盗和武装抢劫行为的责任人。同时，第 15 条指出，1988 年《制止危及海上航行安全非法行为公约》规定缔约方须订立刑事罪名，确立管辖权，并接收所移交的劫持或武力控制船只，或进行劫船威胁或实施任何其他形式恐吓的责任人或嫌疑人；敦促《制止危及海上航行安全非法行为公约》

① 5 年之最：亚洲海盗和武装抢劫事件呈大幅上升态势，爱微帮，2015 年 6 月 12 日。
② 参见李浩培著《条约法概论》，法律出版社 2003 年版，第 516－517 页。

各缔约国全面履行该公约规定的各项义务……

中国及丝路沿岸其他《联合国海洋法公约》的参加国有义务履行惩治海盗的职责。此外,对于海盗之外的海上武装抢劫行径,国际海事组织也有法律对策,即 1988 年《制止危及海上航行安全非法行为公约》第 6 条的规定,当"(a)罪行发生时是针对悬挂其国旗的船舶或发生在该船上;或 (b)罪行发生在其领土内,包括其领海;或 (c)罪犯是其国民"时"每一缔约国应采取必要措施,对第三条所述的罪行确定管辖权",这些罪行包括"(a)以武力或武力威胁或任何其他恐吓形式夺取或控制船舶;或 (b)对船上人员施用暴力,而该行为有可能危及船舶的航行安全;或 (c)毁坏船舶或对船舶或其货物造成有可能危及船舶航行安全的损坏;或 (d)以任何手段把某种装置或物质放置或使之放置于船上,而该装置或物质有可能毁坏船舶或对船舶或其货物造成损坏而危及或有可能危及船舶航行安全;或 (e)毁坏或严重损坏海上导航设施或严重干扰其运行,而此种行为有可能危及船舶的航行安全;或 (f)传递其明知是虚假的情报,从而危及船舶的航行安全;或 (g)因从事 (a)至 (f)项所述的任何罪行或从事该类罪行未遂而伤害或杀害任何人。"我国于 1991 年 6 月 29 日业经全国人大常委会批准了该公约,这便意味着中国有权力并且也有义务承担条约规定的义务。

其二,强化海上执法与司法能力,特别要建立国家之间的执法协作,完善海上行政执法与刑事司法衔接机制。海上执法与司法是一个主权国家管控海洋的必要手段,实践中由于法律制度和法治理念的不同各个国家海上执法与司法的严厉程度、对外政策存在很大的差异。例如,2007 年 12 月 7 日 17 时 15 分,载有约 26 万吨原油的中国香港籍超大型油轮"河北精神号"在韩国西海岸泰安郡大山港锚地锚泊期间被韩国籍失控浮吊船"三星一号"擦碰，左舷 1、3、5 号三个货油舱受损，溢油 10 500 吨，油污范围长 7.4 公里，阔 2 公里。 为此，印度籍船长查奥拉和大副彻谭被以疏于职守、未及时履行防止原油泄漏的义务等罪名分别判处刑期 1 年 6 个月、并处罚金 2 000 万韩元和刑期 8 个月、并处罚款 1 200 万韩元。 由于"河北精神号"是被韩国籍失控浮吊船"三星一号"所擦碰，后者至少负主要责任，韩国审判机关却以被告对船舶溢油补救不及时为由对"河北精神号"船长和大副实施了刑事判决，虽然此案在最终的判决上免除了被告的刑事责任，但至少表明韩国对维护本国海洋环境权上有积极态度。 相反，类似的案件发生在中国大陆沿海，其法律后果大多止于民事赔偿，鲜有刑事追诉者。 例如，2007 年 5 月 11 日装载 239 个集装箱的中国香港籍"金盛"轮从烟台港出发，5 月 12 日 3 时许"金盛"轮与韩国货船"金玫瑰"轮发生碰撞，并导致"金玫瑰"轮在附近海域沉没发生溢油，经查，"金盛"轮与"金玫瑰"轮分别承担 55% 和 45% 的碰撞责任，溢油事故所造成的海洋生态损害和渔业资源损失费用合计 1 620 万余元。 山东省海洋与渔业厅向青岛海事法院起诉，最后按照责任比例赔偿海洋生态和渔业资源损失合计人民币 891 万余元。 本案发生在 2007 年，因为具有涉外性且关乎海洋生态环境的索赔问题，因而增加了审理难度，直到 2011 年才有了上述判决结果。 业内认为这个案子的成功审理对于索赔海洋生态损失、惩治海洋环境污染行为具有一定的鼓励和指导意义。 实际上，本案与"河北精神号"相比却存在一定问题，同样是导致的海洋环境污染，韩国将被告追究至刑事司法机关，而我国却仅仅给予民事制裁，没有发挥刑罚在预防犯罪上的有效作用。 值得沉思的是，我国长期以来忽视了刑罚在管控海洋上的功能，甚至有些学者以船员职业风险较大为由而规避他们的刑事法律责任。 作为最严厉的法律制裁措施，刑罚对犯罪的预防效果是其他法律措施所不可企及的，我们应当认识到，"刑罚的威慑力不在于刑罚的严酷性，而在于其不可避免性。"至少在维护国家主权、保护海洋环境上要体现法律的教育和引导功能，不能一味地将航运安全的保障问题转嫁到军事力量的威慑或外交关系的博弈上。

其三，提高经济带船队的安全管控与事故防范能力，加强国际刑事司法合作，加强亚太地区海事司法中心的建设，联合培养海上从业人员与海上执法人员，提高行政执法与刑事司法的办案技能，共同提高执法与司法实力。 为此，中国应当加强海上司法能力，赋予中国海事法院刑事审判权。

其四，搭建海上丝绸之路海上安全共防平台，统一安装并共享海上安全监控设施，适时更新并共享航海线路图，借鉴美国"集装箱安全协议"（简称 CSI）将海运风险监督前置于海运集装箱离开发货港之前的做法，严格管控沿岸港口的安全问题。

其五，对于关涉民生的海盗、海上武装抢劫、海洋环境污染等严重犯罪应当联合出台相关协议，逐步规范入罪标准，尽量减少国家之间的差异，避免恶意规避刑事责任。

东风吹正劲，风正一帆悬

当代海上丝绸之路建设的若干历史思考

王 杰

大连海事大学交通运输管理学院航运管理系教授，博士研究生导师，主要研究方向为交通运输发展战略、交通运输规划与管理、国际海运政策。

"连天浪静长鲸息，映日帆多宝舶来"。 早在秦汉时期，连接东西方的古代海上交通大动脉——海上丝绸之路便已形成，是已知的最古老海上航线之一。 这一凝结着东方民族智慧与勇气的航路，长期承担着东西方文化和贸易交流的重任。 进入 21 世纪以来，我国与古老的海上丝绸之路沿线国家和地区的文化与贸易往来频繁，在此背景下，中国政府审时度势，提出建设 21 世纪海上丝绸之路的战略构想。 以史为鉴，可知兴替。 这里仅就古今海上丝绸之路的一些传承问题，溯古追今，以为当代海上丝绸之路建设提供借鉴。

与时偕行，千年丝路又逢春：中国和世界的发展需要海上丝绸之路

在经济全球化的今天，世界贸易已然紧密一体，任何国家都不可能孤立地存在。 中国的发展离不开世界，世界的发展也离不开中国。 中国经济发展不仅拉动了世界经济增长，更为世界创造了巨大的需求潜力和庞大的市场规模。 2013 年，中国货物进出口 4.16 万亿美元，跃升为世界第一。 作为世界上最大的货物贸易国家，需要更全方位的贸易，需要同世界各国进行友好往来。 在我国参与世界贸易的发展中，东向发展的经贸往来比较成熟。 中美贸易 30 多年来，关系不断加深，中国

已成为美国第二大贸易伙伴,双方贸易产品实现了由资源和劳动密集型向技术和资本密集型的转变。 中日关系尽管受到某些干扰,日本仍然是中国第五大贸易伙伴,中国对日本出口资本和技术密集型商品的贸易额不断提升,中日进出口商品结构逐渐得到优化。 可以说,我国的东向贸易的"量"和"质"都达到了一个比较好的状态。 与此相对照,我国西向贸易的发展还处在不断提升的阶段,"量"与"质"都还有较大的提升空间。 2013 年我国与南亚、中东、非洲贸易总额分别为 960 亿美元、3 000 亿美元、2 102 亿美元,与前十大贸易伙伴贸易额(如欧盟,5 590.4亿美元)还相差甚远;同时,从商品结构来看,我国的西向贸易结构比较单调,如我国与中东的贸易商品主要为石油、能源产品,较少涉及高附加值产品,在贸易的"质"上还有较大的发展潜力。

2013 年 10 月,习近平主席在印尼国会演讲时首次提出构建面向 21世纪的海上丝绸之路,2014 年李克强总理的政府工作报告也明确"我国要抓紧规划建设丝绸之路经济带和 21 世纪海上丝绸之路"。 如同古代海上丝绸之路,21 世纪海上丝绸之路同样以西向为重点,从我国沿海港口出发,一路向南穿过马六甲海峡、印度洋到非洲和欧洲地区。 具体地,21 世纪海上丝绸之路,就是要构建立足东南亚、联通南亚、辐射中东等地区的经贸和航运战略合作带,是构建全方位对外开放新格局、推动中华民族伟大复兴的战略举措。

目前,21 世纪海上丝绸之路正在顺利推进。 以港口建设为例,目前我国已参与投资和建设多个海上丝绸之路沿线港口,包括孟加拉国吉大港、巴基斯坦瓜达尔、斯里兰卡科伦坡和汉班托塔、吉布提、埃及塞得港、尼日利亚拉格斯港、希腊比雷埃夫斯港等港口;缅甸皎漂港、印尼雅加达、坦桑尼亚巴加莫约港的建设也已启动。 可以预计,通过沿线港口以点带面，从线到片，将逐步形成连接东亚、南亚和西亚、东非和北非乃至欧洲的海运网络，实现海上丝绸之路沿线区域大合作，为中国梦和世界梦助力。

春秋鼎盛，航海梯山共一家：海上丝绸之路具有丰富的内涵

众所周知，海上丝绸之路一词源远流长。 早在一千多年前，中外先民就梯山航海，开辟了海上丝绸之路，成为古代东西方贸易往来和文化传播的主要通道，增进了中外民族间的了解和友谊，也见证了古代中国的辉煌航海史迹。 新时期的海上丝绸之路，理应继往开来，继承先人智慧，进而构建一条和平之路、互惠之路、创新之路和文明之路，为人类社会作出自己的贡献。

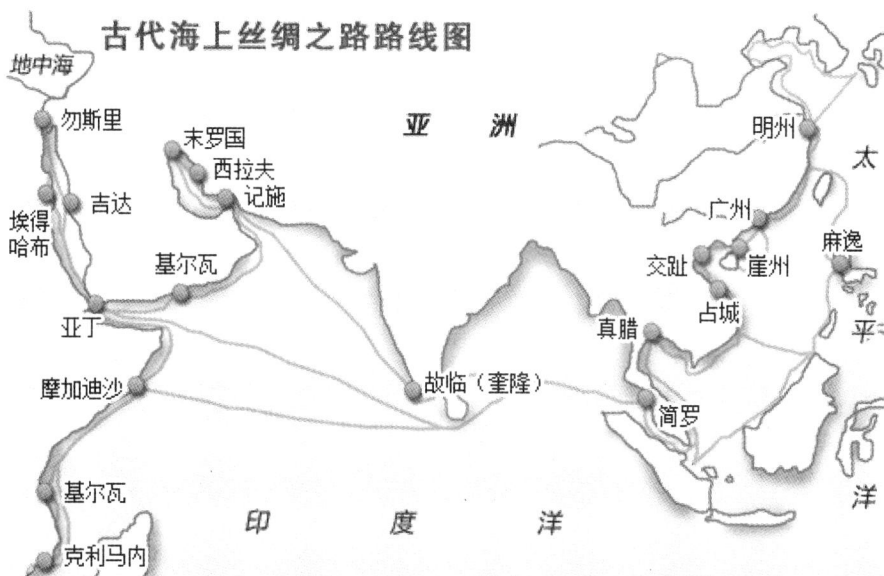

古代海上丝绸之路路线图

海上丝绸之路是一条和平之路

自古以来,海上丝绸之路便是一条和平友谊之路。中国、大食(阿拉伯)、波斯(伊朗)和身毒(印度)等沿途国家的商人船主穿梭其间,和平共处,互通有无。明代郑和七下西洋,以 200 多艘海船、2.7 万多人的庞大规模,在西太平洋和印度洋往返多次,拜访了 30 多个国家和地区,就是这种和平友谊的生动解读。与此形成鲜明对照的是,欧洲人开辟新航线之后,随即展开了对沿途各地人民血与火、刀与剑的暴力殖民掠夺,给当地人民带来了毁灭性的灾难,海地岛 6 万印第安人一度仅剩下 500 人,18 世纪多达 700 万黑人被贩到美洲为奴。假如按照西方殖民者的强权逻辑,凭郑和船队的实力完全能够在海外开疆拓土,但是郑和船队并没有占据海上丝路沿线国家的一寸土地!这也是郑和"船队"而不是"舰队"的根本所在。值得一提的是,郑和船队还曾剿灭了横行东南亚和马六甲海峡的陈祖义海盗集团,维护了海上丝绸之路的安全和畅通,为沿海人民带来福祉。

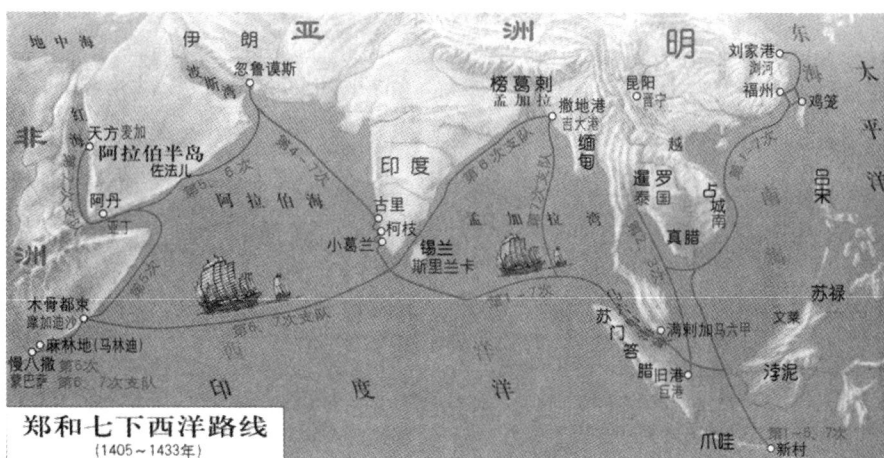

郑和七下西洋路线

在人类发展业已进入到 21 世纪的今天，当代海上丝绸之路的建设更应秉持和平友谊之本。40 多年前，中国和坦桑尼亚政府联合成立了中国-坦桑尼亚联合航运公司，对坦赞铁路的建设和运营作出了突出贡献，迄今仍是东非地区唯一的国际海运公司，坦赞两国人民乃至整个非洲把坦赞铁路誉之为"自由之路"、"南南合作的典范"。可以说，在建设 21 世纪海上丝绸之路的过程中，我们应当继续发扬传统，充分认识到海上丝绸之路是一条和平友谊之路，而不是一条攫取霸权之路，应秉持平等互利、和平利用、共同发展的理念，建设好 21 世纪海上丝绸之路这条和平之路。

海上丝绸之路是一条互惠之路

毛泽东同志曾经说过：我国"有很长的海岸线，给我们以交通海外各民族的方便"。早在一千多年前，古代中国就与海外诸国建立起平等友好的贸易往来关系，给丝路沿线人民带来福祉。以海上丝绸之路最为成熟的宋元时代为例，中国民间商人扬帆出海，将中国生产的丝绸、陶瓷、茶叶等物产运往东南亚和印度洋，从海外输入香料、药材等，既向海外诸国传播了先进的中华文明，又使宋元社会大众得到了实惠，南宋的海外贸易关税甚至占政府财政收入的 1/7，海畅其行，物畅其流，真正做到了互通有无和互利共赢。再看 15 世纪末西方新航路开辟成功后，结果则是揭开了西方殖民者海上掠夺的序幕。1480—1530 年间，葡萄牙人在几内亚湾就掠得当时世界总量 10% 的黄金；16—19 世纪，西班牙仅从美洲就获得了 250 万公斤黄金和 1 亿公斤白银，欧洲各殖民者在印第安人和黑人的白骨上积累了大量的财富。在新航路开辟之后，亚非美洲许多国家逐渐沦为殖民地或半殖民地，形成了宗主国和殖民地之间的畸形经济格局，即以西欧海上强国为中心，形成不公正、不公平的航运秩序和贸易格局。

近年来，我国积极推动海上丝绸之路的建设，在南亚国家修建了许多港口，以期实现互联互通。例如，2014 年中国在科伦坡港建设项目中直接投资 14 亿美元。我国在南亚国家修建港口的举措不仅直接完善了当地的基础设施建设，还间接带动了当地临港工业的发展。在港口建成后，还能吸引新的货源，增强彼此之间的贸易往来，并保障我国的能源通道，增加我国企业的收益，最终实现海上丝绸之路沿线各国的共同繁荣。因此，21 世纪海上丝绸之路应是一条互利互惠之路。我们应当继承优良传统，继续秉持"互利互惠"的原则，建设好这条有利于中外人民的海上通道。

海上丝绸之路是一条创新之路

古代海上丝绸之路曾经给人类文明带来了很多影响悠远的创造发明，四大发明之一的指南针用于航海，直接推动了人类航海文明和海洋文明的重大发展，新时期海上丝绸之路更是如此。21 世纪海上丝绸之路以全球三大主航线之一的亚欧航线为依托，全线 11 000 多海里，具备了"大线—投入大船—停泊大港"的典型特征。随着 21 世纪海上丝绸之路建设的不断推进，船舶海运工具、船公司组织形态、港口发展等或将出现诸多创新，更增添海上丝绸之路的航运与贸易发展活力。

提及我国古代船舶，人们自然会想起郑和下西洋的宝船。正是有赖于古代海上丝绸之路的繁荣，大大推动了我国古代造船技术的提升：中国商船的水密隔舱技术，直到 600 多年后才逐渐被其他国家采用；天

水密隔舱模型

津市静海的宋代木船，更是发现了世界上最早的平衡舵。 时间进入到21 世纪，当代海上丝绸之路以全球最长的亚欧航线为依托，从东亚大陆经马六甲海峡穿越印度洋和苏伊士运河，抵达欧洲各国港口，11 000余海里的漫漫长途，大型船舶和超大型船舶纵横其间，以马士基为例，作为全球的超级航运巨头，目前已投入两艘 1.8 万标准箱巨型船舶运营于亚欧航线。 未来海上丝绸之路的互联互通，将进一步扩大超大型船舶的需求，并由需求推动船舶技术创新。

　　船公司作为海上丝绸之路互联互通的主力，同样在创新上大有可为。 众所周知，海上丝绸之路沿途国家和地区众多、物产丰富、货源充足、为航运企业的相关创新提供了一块良好的试验田和广阔的市场空间。 马士基航运、达飞轮船、地中海航运、CKYH 联盟、中海集运等全球主要班轮公司均在亚欧航线布置"重兵"，广泛尝试独营、联营以及租售舱位等各种形式的经营方式，不断推动船公司经营模式的创新。同时，海上丝绸之路沿途航线密布，在海运网络的创新方面也走在前列，以往的基本港和非基本港形态已被打破，新的枢纽港、干线港、支线港甚至喂给港纷纷涌现，双层航运网络将会被三层甚至四层航运网络取代。

港口作为海上丝绸之路的基地，同样需要创新能力。历史上的港口建设历来依赖于航运的繁荣程度，作为我国古代海上丝绸之路起点之一的广州，自唐朝起便是世界最大港口之一，公元 770 年前后，每年来广州的外国船只便有四千多艘，我国第一个海上贸易管理机构——市舶司就设于广州。时光穿梭，进入 21 世纪，当代海上丝绸之路所依托的亚欧航线具备"大线—投入大船—停泊大港"的典型特征，对港口的规模以及装卸效率、管理等方面提出更为严格的要求，在此背景下，全球主要航运巨头马士基、长荣、中远等纷纷化身为全球十大港口运营商，港口创新必将如虎添翼。

随着 21 世纪海上丝绸之路建设的不断推进，可以预见，未来沿线国家和地区在上述方面将呈现出愈加强劲的创新势头，21 世纪海上丝绸之路也必将成为一条名副其实的"创新之路"。

海上丝绸之路是一条文明之路

众所周知，古代的东西方，宗教信仰传播途径是同当时的商业贸易路线的走向相同的，说到佛教或别的西来宗教，都与古代的海上丝绸之路息息相关。福建泉州 1 000 余年前的伊斯兰教清净寺、700 年前的基督教石碑和伊朗摩尼教草庵……正是依托海上丝绸之路，古代泉州港成为东西方宗教交汇交流之所。海路上籍籍无名的商人船主，国家不同，信仰各异，正是通过海上丝路传递着东西方文明的火种，使不同价值观和不同文明得以交汇包容，从中构建起了东西方平等友好的贸易往来体系。摩洛哥大旅行家伊本·白图泰航海来华，《伊本·白图泰游记》震惊了伊斯兰世界；意大利旅行家马可·波罗带领元朝使团船队护送蒙古公主波斯完婚，《马可·波罗游记》震惊了基督教世界。 正是依靠中国的指南针（罗盘）定向，依靠《马可·波罗游记》带来的东方想象，哥伦布才有发现新大陆之举，才有东印度群岛、印第安人的"冒名"之举。 然而，哥伦布们在开辟了新航路后，却并未延续古老东方的"文明之路"发展理念，反其道而行之，通过压榨和掠夺弱小民族而快速崛起，通过海上航线和海运贸易强行将殖民地作为原材料供应地迫使殖民地对西方宗主国形成强烈的依赖关系，最终形成了不合理的世界经济和贸易体系。 迄今还有不少非洲国家经济结构单一，甚至举国依靠一两种原料产品出口，完全依附于国际市场。 举一个例子，1989 年，加纳可可产量比上一年增长 58％，可是可可出口收入却比上一年减少了 6 520 万美元，究其原因，国际市场可可价格从 1988 年的每吨 1 800美元降至次年的每吨1 000美元！ 新航路带来的"文明"后遗症，可见一斑。

当代海上丝绸之路作为历史悠久的"文明之路"，是新形势下构建全球经济开放新格局的重要抓手。 未来随着海上丝绸之路的深入拓展，势必出现一系列新的公共话语，诸如国际航运话语权问题和航运垄断组织问题，均有待解决。 一方面欧美国家长期把持航运"游戏规则"的制定权，目前国际航运标准几乎清一色由欧美国家发起制定；另一方面，全世界人人喊打的垄断组织——国际卡特尔，依然以班轮公会的形态出现在航运领域，甚至被西方经济学家称为"现代海盗"。 借助海上丝绸之路这一平台，通过沿途国家平等诉求各方权益，有助于从局部扭转这一不合理现象。 可以说，当代海上丝绸之路的建设，既包括物质层面，也包括精神层面。 贸易不仅仅是物质上的交易，更是文化上的

互动和交流，因此海上丝绸之路建设应走出一条"文明之路"，这也是
当代海上丝绸之路的题中之义。

积基树本，乘风破浪会有时：当代海上丝绸之路建设恰逢
其时

中国人很早就开始了对海洋的探索。从秦朝徐福三次东渡，到明
代郑和七下西洋，中国古代航海一直是古代世界航海文化版图中最浓墨
重彩的一笔。20世纪90年代以来，我国迎来新的发展高潮，对外贸易
持续增长，航运实力日渐雄厚，造船技术日益精湛，为当代海上丝绸之
路的发展提供了坚实的物质基础。

贸易是航海发展的主要推动力。我国的海外贸易历史悠久，元代
依托海上丝绸之路，已同近百个国家和地区发展了海上贸易关系，涉及
西太平洋和印度洋的广阔海域，明朝郑和七下西洋更使中国古代官方贸
易达到高峰。改革开放以来，我国对外贸易进入快车道，2013年进出
口总值首次突破4万亿美元，超越美国，成为全球外贸进出口第一大
国。21世纪海上丝绸之路沿线国家和地区是我国进出口贸易的主要对
象，我国同沿线国家和地区的频繁贸易往来，为当代海上丝绸之路建设
打下了坚实的商业基础。

航运是贸易的载体。我国航海历史悠久，汉朝的汉使航程、唐朝
的广州通海夷道、明朝的郑和七下西洋，都是世界航海史上少有的壮
举。活跃的民间航海活动使得古代中国沿海不断涌现世界级的大港
口，如古代广州港、泉州港、明州港、扬州港等，均见于《苏莱曼游
记》、《伊本·白图泰游记》和《马可·波罗游记》等大量外国记载。

时光流转，21 世纪的中国航运再次迎来新的发展高潮，我国港口吞吐量已经连续 11 年排名世界榜首，全球前十大港口中，有 8 个来自我国；全球前十大集装箱港口中，我国占据 7 席。 中国海运船队总运力规模达1.42 亿载重吨，占世界海运总运力的 8%，位居全球第 4 位，我国最大海运企业中国远洋运输集团船队规模位居世界第 2。 日益增强的航运实力，为我国 21 世纪海上丝绸之路的建设打下了坚实的通道基础。

2013 全球十大港口货物吞吐量排名

排名	港　口	2013 年（亿吨）	2012 年（亿吨）	同比增速
1	宁波-舟山港	8.097 8	7.44	8.80%
2	上海港	7.760 0	7.36	5.50%
3	新加坡港	5.580 0	5.38	3.70%
4	天津港	5.010 0	4.76	5.00%
5	广州港	4.551 2	4.34	4.87%
6	苏州港	4.543 0	4.28	9.30%
7	青岛港	4.500 0	4.02	10.60%
8	唐山港	4.462 0	3.64	22.40%
9	鹿特丹港	4.411 0	4.42	− 0.20%
10	大连港	3.334 0	3.74	10.10%

航运的根基在于造船。 我国造船业源远流长，古代造船技术曾长期领先于其他国家。 据《苏莱曼游记》记载，唐代中国海船巨大，波斯湾风浪险恶，只有中国船能够航行无阻；郑和宝船长 148 米，宽 60 米，共有九桅十二帆，是当时世界最大的木帆船；我国古代海船三大船型（福船、广船、沙船）更是世界帆船史上的耀眼瑰宝。 进入 21 世纪，我国造船业重返顶峰，2010 年我国超越韩国，成为全球第一造船大国，具备主流船型的自主开发能力，并在高技术高附加值的船舶与海洋工程

装备领域实现了突破，这些均为我国 21 世纪海上丝绸之路的建设提供了足够的技术保障。

基石已奠，道路已开。承载着千百年来辉煌航海文化的当代中国人，必将凭借 21 世纪的劲吹东风，谱就当代海上丝绸之路的新华章。

向风慕义，映日帆多宝舶来：当代海上丝绸之路建设的丰厚 文化底蕴

文化对社会的影响往往潜移默化而持久，航海文化亦是如此。我国航海文化最早可以追溯到秦汉时期，在漫漫的历史长河中形成了独特的航海文化，体现出和谐性、探索性、实践性和物质性等特点，对当代海上丝绸之路建设的影响不容小觑。

和谐性贯穿于我国航海文化的发展历程，是其经久不衰的主题。我国航海文化的和谐性源于独特的航海信仰。与西方神话中喜怒无常、性情暴躁的海神波塞冬相比，我国的"海上圣母"妈祖蕴含着母性的慈爱与宽厚，象征着希望与和平，表达人们祈望平安出海、风平浪静，也反映我国人民与海洋和谐共处的思想。相传妈祖原是福建莆田湄州岛的一名林姓女子，她水性好，常常救助海上遇难的渔民，逐渐成为民间的海洋女神，并由民间到官方，宋元明清都对妈祖多次褒封，封号从"夫人"、"天妃"、"天后"直到"天上圣母"。妈祖作为我国航海文化的鲜明符号，伴随古代海上丝绸之路的发展而日趋丰满，对其他国家的航海文化产生了深远影响，也为我国推进当代海上丝绸之路的建设提供了雄厚的文化积淀。

探索性植根于我国航海文化的深处，是海上丝绸之路开拓的动力。

我国航海家探索海洋的勇气十足，早在2 100年前的汉朝，我国便开辟了第一条印度洋远程航线，航程长达上万公里，航期要花费一年多的时间，领先于西方国家一千多年。值得一提的是，恶劣的航海环境并没能阻挡住我国航海先人们的探索脚步，面朝海况恶劣的太平洋和印度洋开放海域，我国早期航海家们舍生取义，义无反顾地投入到航海事业中：秦朝徐福东渡的生死不明，唐朝鉴真东渡的双目失明，明朝郑和七下西洋的客死异乡……我国航海事业的开拓者们以卓绝的胆识和勇气，在我国航海史卷上谱写出一幕幕悲壮的篇章，舍小我换大爱，以个人的牺牲换取中华民族航海事业的进步。正如鲁迅先生所说："中国自古就有埋头苦干的人，舍生取义的人，而这些人正是我们民族的脊梁。"如今，我们应该弘扬航海探索精神，以大无畏的勇气和力量，奋力开拓当代海上丝绸之路。

实践性是我国的航海文化的鲜明特点。我国古代航海技术长期独步于东亚，主要源于我国航海家们来自大海的实践。在长期的海上航行中，我国古代航海者口传心授，将海上的成熟经验记录下来，例如，《郑和航海图》就是15世纪上半叶世界上最实用的航海图书，兼有海图、航路指南等多项功能，一卷在手，万里无忧。当代海上丝绸之路建设，远比郑和时代更为复杂，堪称是一项规模宏大的系统工程，为此必须脚踏实地，以求真务实的态度建设新时期的海上丝绸之路。

物质性是我国航海文化的重要特色。我国航海文化与货物贸易有着深厚的渊源，航海文化的传播与海上贸易的发展相辅相成。唐宋时期，古代海上丝绸之路发展到高峰，我国的丝绸、瓷器和铁器大量出口，同时珍珠、苏木、珊瑚和丁香等产品从海外大量进口，航海文化也盛极一时，出现了官府祈求帆船风向顺利的"祈风"仪式、民间航海平安的妈祖崇拜等文化符号。我国的航海文化伴随着商品贸易，漂洋过海，沿着古老的海上丝绸之路传向沿途各地，为我国推动新时期海上丝绸之路的国际合作提供了坚实的基础。

我国航海文化的"润物细无声"，为 21 世纪海上丝绸之路建设提供了浓厚的文化底蕴。我国航海文化的宽厚博大决定了 21 世纪海上丝绸之路本质上应是一条互利互惠的和平发展之路，完全符合时代要求，顺应各国人民发展的愿望。

继往开来，前途更有妙高峰：当代海上丝绸之路建设的路径选择

工欲善其事，必先利其器。伴随我国贸易、航运与造船业的日益崛起，航运网络构建的基础条件也逐步得到满足，为建设 21 世纪海上丝绸之路提供了坚实的物质基础与发展平台。

从我国海上丝绸之路发展的历史来看，受技术水平的限制，古代海上丝绸之路的开拓经历了一个"由近及远、逐步展开"的过程。汉代海上丝绸之路初创时，最远仅到达印度东南海岸；隋唐时期，我国商船的远航已由印度半岛延伸至波斯湾；元代商船的活动范围进一步扩大到印度洋西岸的广阔海域，直到明中后期，欧人东渐，古老的海上丝绸之路就此落幕。

如今，数以千计悬挂着五星红旗的船舶穿梭在东亚通向南海、印度洋、非洲和欧洲方向的航线上，不断续写着海上丝绸之路的辉煌。随着近年来我国与东南亚、非洲以及欧洲国家贸易往来的日益紧密，一张严密而无形的航运贸易正在逐渐把各国联连成一个整体，我们应以网络

的思维来审视新时代的海上丝绸之路建设，依托现有的港口与航线资源，将其上升到航运网络的高端设计层面。同时，航海相关科技的迅速发展，使 21 世纪海上丝绸之路建设无需像古代海上丝绸之路一样受限于技术的限制。因此，21 世纪海上丝绸之路建设可考虑按照"构建网络、由近及远、中间突破、全面拓展"的路径，以航运网络的构建为核心，在增进我国与东盟国家航运贸易往来的基础上，重点发展我国与南亚、东非和中东国家的航运和贸易联系，最终通达马可·波罗的故乡——欧洲，实现全面拓展。其中，针对海上丝绸之路航运网络的编织，一定要做好"穿针引线"，"针"即指港口节点，是航运网络的物质基础；"线"即指联结不同港口节点的航线，是航运网络的核心；当港口节点和航线大量密集交织时，就形成了综合性的立体航运网络。只有如此，当代海上丝绸之路建设才能事倍功半，收到实效。

展望未来，随着中华民族的和平崛起，随着中外人民的齐心协力，21 世纪海上丝绸之路的伟大构想必将逐步实现，成为铺向印度洋、铺向世界的锦绣之路，进而编织出绚丽的中国梦、世界梦，为中华民族的伟大复兴添上浓墨重彩的一笔！

中国文化多样性与
"一带一路"建设

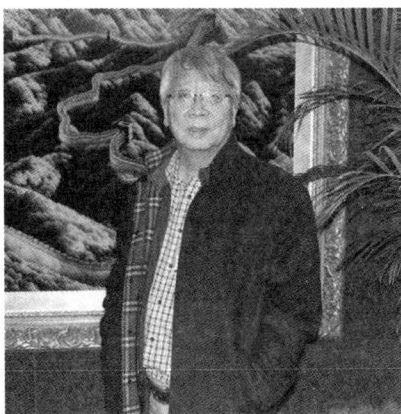

郝时远

中国社会科学院院长助理、中国社会科学院学部主席团秘书长、中国社会科学院社会政法学部主任。 第十一届、十二届全国政协委员。 享有国务院政府特殊津贴、国家有突出贡献的中青年专家等荣誉。 2012 年获蒙古国科学院外籍院士。

习近平总书记在 2014 年召开的中央民族工作会议上指出：民族地区是我国的资源富集区、水系源头区、生态屏障区、文化特色区、边疆地区、贫困地区。只有了解了这个"家底"，才能真正了解我国的基本国情，才能明白事关国家全局的民族事务多么重要，也才能对我国解决民族问题的制度、法律、政策实践充满信心。

过去，我们大多从人口众多、地大物博的角度去认识我们的国情，包括一穷二白，等等。但是，文化特色可以说是民族地区、边疆地区的重要标志，它集中体现了中国文化多样性的特点，是构成中华文化色彩斑斓"颜料盒"的重要组成部分。我们无论从文化学研究角度去进行"文化板块"的观察，还是从我们整个国家的文化体系包括语言系统的分布去划分，都可以看出陆路边疆地区是彰显文化多样性的地区。而且，这些文化多样性的地区，同时也是自然景观和生物多样性的地区，当然大多也是经济社会发展滞后甚至贫困问题突出的地区。对这样一个基本国情，特别是统一的多民族国家、中华民族多元一体大家庭"家底"的文化资源，我们需要很好地去把握和理解。

今天，我们在"一带一路"的建设当中，西部地区特别是边疆少数民族地区，发生了一个很重要的转变——从历史上的边缘地区改革开放的后发地区转变成为前沿地带。而且，这个前沿地带又是一个既要对内开放，又要对外开放的双向开放"中心区"。这是一个重大的历史变局，意义重大、影响深远。 其中，西部地区尤其是少数民族聚居的边疆地区的多样性文化资源，将构成我国全方位对外开放的优势资源，利用好这一文化"软实力"，立足于尊重差异、包容多样的理念，是我们处理好内政——各民族和睦相处、和衷共济、和谐发展的基本条件，也是我们办理好外交——睦邻友好、互利互惠、合作共赢的基本原则。

中国倡导的共建"一带一路"的基本理念，是顺应世界多极化发展、经济全球化、文化发展多样化、社会信息化发展的潮流，其中最重要的是坚持和谐与包容的准则。 我们注意到，在《愿景与行动》的文件发布中，特别强调倡导文明宽容，尊重各国发展道路和模式的选择，加强不同文明之间的对话，求同存异、兼容并蓄、和平共处、共生共荣。 这实际上是一种文化观。

就是说，我们理解广义的文化，一方面要理解文化的多样性，更重要的是要理解文化如何去共生共荣，包括一个国家的发展道路和它的发展模式也属于政治文化范畴，同样要得到尊重和相互的兼容、宽容、理解，不是说中国特色社会主义道路和美国式的西方资本主义道路水火不相容，不能够在这个世界上共生共荣。 中国没有也不会把自己的道路强加于别国，同样中国也不会接受美国等西方国家的"指手画脚"，更不会卑躬屈膝于他人之道而亦步亦趋。

从政治文化的角度讲，也是可以求同存异、兼容并蓄、和平共处的，那么从这样一种角度讲，具有示范效应的民族地区的文化优势应该说相当重要，因为对外开放本身不仅仅是经济方面的内容，而且是文化方面的内容。 边疆民族地区的示范效应和文化优势十分重要。 所以，从基本国情和双向开放这两个角度，我讲三个方面的问题。

中华文化多样性源远流长

先秦时代的文献，记载了中国"五方之民"共天下的基本格局。"天圆地方"下的"五方之民"，指的就是东夷、南蛮、西戎、北狄、中华夏。 在这种以中原地区为中心的政治格局中，中原王朝对周边"四夷"施政的传统政治智慧，概括为"修其教不易其俗，齐其政不易其宜"。 因俗而治、和而不同。 正如习近平总书记所说：这种维护一统而又重视差别的理念，对中华民族的形成和发展至关重要。

中国的历史，是"五方之民"在互动交融中共同创造的历史。 无论哪个民族建鼎称尊，建立的都是多民族国家，而且越是强盛的王朝吸纳的民族就越多。 无论哪个民族入主中原，都把自己建立的王朝视为统一的多民族国家的正统。 中国古代的编年史、王朝史即是以此为主线而承前启后，古人并未因前朝是"夏"还是"夷"而中断历史的书写或改弦更张。 对中国历史发展规律的把握，对统一的多民族国家形成和发展脉络的把握，对"五方之民"共建中国的认知，这是马克思主义的民族观，是历史唯物主义的态度。

那么从文化多样性的角度讲，我们首先要明确的就是人类是统一的，而文化是多样的。 我们今天的现代人在二十万年前从非洲再次走出扩散到世界取代了在那之前的、所有的、不同类型的进化过程的人类，所以人类本身是统一的，这种统一性不存在优劣之分。 种族是人类生物学意义上的特征，不具有文化意义，所以也不存在种族的文化、种族的语言。 民族是文化的载体，民族多样性决定了文化多样性。 多样性意味着差异，而差异是人类社会最普遍的现象。 当然差异也意味着矛盾，这种矛盾就是说我们应如何对待人与人之间的相互不同，如何对待民族与民族之间的不同，甚至如何对待国家与国家之间的不同，这都可以归结为一个文化观或放大的文明观的问题。

生物多样性是维护生态平衡的基础，这个基本道理广为世人所认同，作为基本的科学知识相当普及。那么，文化多样性为什么不能成为维护社会和谐的基础？为什么文化多样性一定要冲突，甚至放大为"文明的冲突"？这是我们研究文化问题和面对多样性问题需要考虑和解决的问题。

少数民族文化是构成中华文化最斑斓的色彩，这一点显而易见。中国有 38 项非遗项目入选联合国教科文组织非物质文化遗产名录，其中少数民族项目有 14 项。国务院分别于 2006 年、2008 年和 2011 年公布第一、二、三批国家级非物质文化遗产名录。1 219 项国家级非遗保护项目中，少数民族项目有 433 项，占 34.9%；1 986 名国家级非遗传承人中，少数民族传承人有 524 名。2014 年，国务院公布第四批国家级非物质文化遗产代表性项目名录 153 项，少数民族占到 1/3。少数民族文化在中国的文化多样性及其保护和传承中所占的比重可见一斑。

同时，我们也必须认识到，这些数据一方面表现了少数民族文化构成了中华文化的斑斓色彩，另一方面少数民族文化保护、传承和发展的问题最为突出。正如习近平总书记所指出的，少数民族文化块头小，抵抗市场经济冲击的能力弱，一些非物质文化遗产流失严重，不能等到失去才懂得珍惜。少数民族文化是我们中华民族共有的文化资产，不是哪一个民族，哪一个地域的。我们尊重文化多样性，首先就要保护好中国自身的文化多样性。中华文化是各民族文化的集大成，把汉文化等同于中华文化、忽略少数民族文化，把本民族文化自外于中华文化、对中华文化缺乏认同，都是不对的，都要坚决克服。

加强中华民族大团结，长远和根本的是增强文化认同，建设各民族共有精神家园，积极培养中华民族共同体意识。文化认同是最深层次的认同，是民族团结之根、民族和睦之魂。所谓民族团结、民族和睦就是讲中华文化的根，大家都要认同中华民族，都要认同中华民族的文化，而认同中华民族的文化才能解决对祖国的认同，对社会主义的认同，对中华民族的认同。所以文化的作用，是一个深层的，涉及人内心的作用。文化认同问题解决了，对伟大祖国、对中华民族、对中国特色社会主义道路的认同才能巩固。

中华文化认同是各民族共同享有的认同，它包容各民族的自我认同，它主导着各民族之间的相互认同。也就是说，多元一体大家庭的各个成员，都姓中华民族，同时各有其名。如果一个民族的成员只知其名、不知其姓，只知本民族归属、不知大家庭归宿，就难免出现认同的误区，只知自我、不识他人，甚至自视优越、鄙薄他人，自我保守、排斥他人，陷入狭隘的认同"陷阱"。

从这个意义上来讲，我们的多民族是一个优势，这一点不仅仅体现在文化上，而且还体现在多民族的"家底"上，包括资源富集、水系源头、生态屏障等多方面的优势，所以我们要珍惜这个统一的多民族国家，或者庆幸我们是一个历史悠久的统一的多民族国家。所以，在遇到民族问题、文化差异问题时，那种把多民族当"包袱"，把民族问题当"麻烦"，把少数民族当作"外人"，企图通过取消民族身份、忽略民族存在来一劳永逸解决民族问题的想法是行不通的。在世界范围也没有可资借鉴的所谓"成功经验"，反而有不少从否认到承认的普遍实证。 例如，2014 年英国政府正式承认康沃尔人是一个与苏格兰、威尔士、北爱尔兰地位同等的少数民族。

我们一直讲，我国是一个统一的多民族国家。 这里，"统一"是指中华民族的统一，中华民族统一才有国家的统一、领土的完整；"多民族"是指中国各族人民在语言、文化、习俗等方面存在着历史形成的多样性差异，承认和尊重这种差异是历史唯物主义的态度，是和谐国内民族关系的前提。

中国解决民族问题的基本政策指向，是尊重差异、缩小差距，这是从精神和物质两个方面确立的基本原则，也是中国特色民族观在民族事务方面的重要体现。 缩小差距，缩小的就是经济社会发展的差距；尊重差异，尊重的就是广义的文化的差异——这是我们民族政策最核心的东西。 中国尊重差异、包容多样的观念立足于在差异中求和谐、在多样中求统一，加强中华民族大团结，构筑多元一体大家庭各成员之间平等、团结、互助、和谐关系的精神纽带，即共有的精神家园。

总体来讲，中华文化就是各民族文化的共生交响。 中华文化如同一个交响乐团，各种乐器的特质之音、七音八度的差异之声，在指挥的协调下共声交响，演奏出美妙和谐之声。 "以五声播于八音，调和谐合而与治道通"。 这是古人从音律和谐中感悟的治世之道。 从这个意义上讲，我们可以说中华文化就是一部现代交响乐，各民族共生，谁也缺不了谁，它必须是在多样性的交响当中演奏出中华民族的华彩乐章，才能够实现这种尊重差异的多元一体。

中华文化的现代"交响"，包容着各民族文化的音质声调，在中国共产党"指挥"下以中国特色社会主义核心价值为主旋律，演奏着中华民族伟大复兴的华彩乐章。 这就是尊重差异、多元一体的中华文化认同，就是中华民族的精神凝聚。

在国际比较中坚定自信

党的十八大提出了道路自信、理论自信和制度自信"三个自信"，这是我们在推进中国特色社会主义建设，在全面建成小康社会进程当中，必须要强化的一个自我的意识。

近年来，对中国民族政策的讨论，是国内外学界和社会舆论关注的重要议题之一。最基本的判断就是中国民族政策出了问题，进而在所谓的"反思"中产生了一系列评判："苏联模式""大拼盘""调整说""失败论"，等等。同时以"民族问题去政治化"的伪命题开出了一系列药方：学习美国、印度、巴西的"大熔炉"、"文化化"、"族群说"、"社会政策化"，重返民国"宗族论"，直到"取消民族区域自治"、取消"民族身份"等集大成的"第二代民族政策"。这些观点一方面引起了学术界的激烈争论，另一方面也直接影响到民族工作实践，在民族关系领域产生了十分消极的影响。

在这样的背景下，我们要从国际比较当中坚定"三个自信"，在民族政策方面也不例外。事实上，西方世界到今天为止没有提供解决民族问题的"灵丹妙药"。在西方历史上，处理种族、民族、土著居民和移民等问题，长期采取奴役、歧视、隔离、驱赶、强迫同化甚至灭绝的政策。所以，种族主义、民族主义、殖民主义、沙文主义、法西斯主义等理论和实践都源自西方。即便废除了奴隶制，仍实现"隔离但平等"（美国）、"既不平等也不隔离"（巴西）、"种族家园隔离"（南非）等制度和政策，"白人至上"的观念根深蒂固。

直到 20 世纪 60 年代，在美国民权运动的影响下，美国等西方国家才在"承认的政治"观念中转向了"多元文化主义"的"平权政策"实践。 这些"平权政策"中对黑人等少数族裔给予的升学、就业、贷款等优惠性措施，事实上与中国民族政策中的扶持性措施异曲同工。 我们不能说是美国等西方国家学习或借鉴了我们的民族政策，但是美国等西方国家意识到这种政策措施有利于尊重差异、缩小差距，的确在中国之后。 也就是说，中国解决民族问题的理念在世界范围是先进的，我们不需要妄自菲薄、自愧不如地重新排队于西方之后。

当然，从这些政策措施的实现程度而言，我国解决民族问题的制度、法律和政策的实践成效存在着需要不断完善的问题。 这与我国长期处于社会主义发展阶段直接相关，理论、观念、制度设计方面的先进性，属于上层建筑范畴，需要相应的经济基础支撑。 这正是我们党和国家历来强调的解决好民族问题关键是发展经济的原因。 就是说，要为实现制度优越性创造坚实的物质基础。 邓小平指出"贫穷不是社会主义"，社会主义的本质特征是共同富裕，也就是说没有共同富裕就不可能实现各民族的真正平等，就不可能体现社会主义制度及其包含的民族区域自治等基本政治制度的优越性。 因此，在进行国际比较时，我们不能脱离我国所处的社会主义初级阶段这个最大的国情。 同时，我们也不能乐观甚至崇尚地认为西方发达国家解决了广义的民族问题（种族、民族、宗教、语言、移民等）。

不可否认，我国存在突出的民族问题。 其中民族分裂问题尤为引人注目。 这类问题的出现，既包括近代帝国主义列强分裂、肢解中国留下的"历史遗产"，也包括国际政治格局变化产生的现实影响。 其中，苏联解体、东欧剧变产生的国家裂变，民族冲突是最重要的动因之一。 西方人对此作出了一系列预言："民族主义战胜了共产主义，""所有的多民族社会主义国家都将步苏联解体的后尘"，等等。 这类预言的中国指向显而易见，而利用民族问题分裂中国的意图，使"台独"、"藏独"、"东突"同时（1990年）浮出水面。

事实上，西方国家也没有摆脱民族问题的困境。"苏联模式"的社会主义阵营解体，西方人从更加宏观的视野提出了"历史终结论"，即认为人类社会的进步终结于资本主义社会的发展。 然而，西方推动的所谓第三波民族化浪潮，引发了众多国家和地区的冲突，其中种族、民族、宗教类的冲突最为显著，而且主要发生在实行资本主义制度的发展中国家，西方发达国家也未能例外。 由此产生淡化意识形态、社会制度的所谓"文明冲突论"。 即所谓儒教、伊斯兰教和西方基督教之间，在不同文明"断续线"上的冲突。

西方世界试图在这样一种消除"文明冲突"旗号下来改造伊斯兰世界，通过发动战争、打压、侮辱、蔑视，推行这样一个战略，最后造成的反作用力对整个西方世界影响巨大。 从美国"9·11"恐怖袭击开始，到丹麦漫画事件、美国焚经事件、法国《查理周刊》事件，都是如此。 显而易见，西方世界在种族、民族、宗教、移民等问题上出现危机，并没有因其社会高度发达而消弭。 包括民族-地区的分离主义问题也并非个案，从比利时联邦化、加拿大魁北克形成"国中之国"，到西班牙巴斯克、加泰罗尼亚谋求独立，苏格兰独立公投，这类问题已不是什么新鲜话题。 欧美发达国家中存在着制度性的危机。

自1970年美国、加拿大、澳大利亚开始实行多元文化主义政策，影响了欧洲和众多实行资本主义的发展中国家。 这些政策实行到今天又陷入了所谓的"承认的困境"。 2010年、2011年德国总理、英国首相相继宣布：多元文化主义政策失败。 2014 年欧洲委员会发表最新完成的欧洲人权状况报告，报告指出：今天的欧洲民主、法治与人权状况正经历前所未有的危机，是冷战结束以来最为糟糕的。 欧洲面临的人权现状，其中包括种族主义与种族歧视、腐败、拐卖人口、放纵仇视言论等。 在欧洲，39 国有歧视少数民族的问题，23 国执法粗暴，23 国排斥和歧视罗姆人。 在许多欧洲国家，贫困和高失业率助长了矛盾冲突与极端主义势力的抬头。 一年多来美国连续发生的警察对黑人施暴案及其引发一波又一波的抗议浪潮，不仅使世界，而且也使美国人自己认识到根深蒂固的种族主义在美国远未克服，种族问题远未解决。

这些都表明，他山之石未必都可以"攻玉"。 习近平总书记指出：不能想象突然就搬来一座政治制度上的"飞来峰"。 在政治制度上，看到别的国家有而我们没有就简单认为有欠缺，要搬过来；或者，看到我们有而别的国家没有就简单认为是多余的，要去除掉。 这两种观点都是简单化的、片面的，因而都是不正确的。 我们需要借鉴国外政治文明的有益成果，但绝不能放弃中国政治制度的根本。 中国有 960 多万平方公里土地、56 个民族，我们能照谁的模式办？ 谁又能指手画脚告诉我们该怎么办？ 因此，在处理和解决民族问题方面，即便是借鉴某些具体或措施，也要搞清楚来龙去脉，准确地了解对方的国情和政策依据。

很多人在非议和取消国人身份证民族栏目的同时，提出应学习"新加坡经验"，即各种族相安无事、相互融合、以新加坡人为荣的社会氛围，特别是各种族"共居"的"组屋计划"。 那我们就来搞清楚"新加坡经验"究竟是怎么回事。 新加坡是一个多种族的城邦国家，多种族产生的问题不叫民族问题，叫种族问题。 新加坡"种族融合政策"

(Ethnic Integration Policy) 中的"组屋计划",实施条件就是身份证上的"种族"(race)标注。它的社区建设就是按照三大种族的比例入住,现在它的身份证上已经出现了90多个种族的标识。比如华人和马来人结婚了,为孩子办出生证的时候,父母可以为孩子选择种族,可以是华人或马来人,也可以是华-马来人,或马来-华人。随着来新加坡移民的外国人的增多,种族类型也不断增多,但政府不厌其烦地标注在身份证上。公民15岁的时候有一次更改种族识别的权利,之前是父母给确定的,如果不更改,这个身份证一辈子跟着你了,你买房子,享受各种各样和种族有关的政策全部要依据你的身份证。

那么,我们的身份证到底出了什么问题?如果我们把身份证上的族别信息取消了,是不是全国人民的中华民族认同就加强了?我们不能本末倒置地去思考问题,更不能说看着人家哪儿好就一定适合我们解决我们民族问题、民族团结的经验,我们必须搞清楚人家背后支撑的东西是什么。新加坡有这套政策,他们也搞身份证上的族别信息,而且比我们搞得更加繁多具体。当然,新加坡不仅是身份证上标注种族成分,而且在整个社会氛围中凸显着三大种族的特征,路标用英文、华文、印度文、马来文,食品以各种族的偏好和禁忌供给,任何一个单位的员工都按照种族比例录用,等等。新加坡人的认同,国家的、民族的正是在直面和承认种族多元基础上实现的。

所以,从这个意义上来讲,我们的民族政策,既有尊重历史、符合国情、顺应人心的一面,又有体现国家统一的基本原则。新中国建立之初,就开始进行民族识别,也就是承认和尊重多民族的国情,这同样早于新加坡在严重的种族冲突之后实行上述政策。一些人以为取消了身份证上的族别信息就可以增强中华民族认同,就可以消弭民族问题,就可以实现"新加坡经验",这不仅是幼稚的掩耳盗铃,而且根本不符合所谓"新加坡经验"的实际。 况且,如果取消了国人身份证上的族别信息,是不是就可以消除目前存在的、中央屡屡批评的针对特定民族的"安检要特别检查"、"住宿要特别审查"的歧视行为? 或者说,取消了身份证上的族别信息还有必要提倡各民族"交往交流交融"和"嵌入式"居住吗? 一个国家在解决民族问题上,选择什么样的道路、采取什么样的模式,是基本国情、历史演进、经济社会状况、文化传统等各种因素共同作用的结果。 中国在处理统一和多样的问题上,我们的理念和制度设计是非常先进的。 我们强调理论自信、制度自信、道路自信,首先要解决的就是坚持中国特色解决民族问题的正确道路问题。

坚定不移地走中国特色解决民族问题的正确道路,开拓创新,这是习近平在 2014 年中央民族工作会议讲话中深刻阐释的重大政治原则。这条道路是几代中国共产党人立足于尊重历史、符合国情、顺应人心,在解决我国民族问题实践中探索出来的伟大成果。 对这个成果,我们要万分珍惜。 如果说实现程度不够,是因为支持这种制度优越性的经济基础还未达到那个水平。 所以,必须正确看待我们的国情,不能因为我们取得的成就而自以为是,也不能因为制度还没有充分实现在经济社会发展支撑下的优越性而认为技不如人,就要妄自菲薄地追随他人。

构建"一带一路"大棋局的国内民族政策优势

"一带一路"实际上可以概括为中国全方位对外开放的"路、带、廊、桥"大棋局。 它还包括缅中印孟、中巴、中蒙俄三个走廊,以及欧亚大陆桥。 这个棋局的开放是立足周边,通过与"一带一路"沿线国家商建自由贸易区，推进基础设施建设，实现互联互通，达到一种合作更加紧密、往来更加便利、利益更加融合的互利共赢发展。

2010 年中国-东盟自由贸易区正式建立，这是世界上人口最多的自贸区，人口近 20 亿、6 万亿贸易总额、GDP 达 9 万亿美元。在此基础上，中国与新加坡、巴基斯坦、新西兰、智利、秘鲁、哥斯达黎加签订自贸协定，与海湾合作委员会、澳大利亚、挪威、冰岛、瑞士商建 5 个自贸区。其中，中-澳、中-韩自贸区完成实质性谈判，正式签约在即。

加快实施自由贸易区战略，是中国新一轮对外开放的重要内容。目的是构建开放型经济新体制，以对外开放的主动赢得经济发展的主动、赢得国际竞争的主动。以周边为基础形成面向全球的高标准自由贸易区网络。新世纪以来，世界油气逐渐向"中东、中亚、俄罗斯"和美洲两个供给、出口中心地带，美国、欧洲和亚太三大消费中心位移，并与"一带一路"中的能源丝路在"中东、中亚、俄罗斯"供给、出口带和亚太、欧洲两大消费中心区域叠合。

众所周知，能源是发展的动力，也是瓶颈。中国能源总量生产居世界第三位，但人均拥有量远低于世界平均水平。中国人均能源探明储量只有世界平均水平的 33%。从 1992 年开始，中国能源生产与消费总量缺口逐渐拉大，能源消费与供应不足的矛盾日益突出。按照国际能源机构的预测，2020 年中国石油对外依存度将达到 68%。中国是全球最大的煤炭进口国。美国能源情报署（EIA）数据显示，2013 年中国已经取代美国，成为全球最大的石油净进口国。目前中国原油进口的60% 以上来自于局势动荡的中东和北非，中国进口石油主要采取海上集中运输，原油运输约 4/5 通过马六甲海峡，面对着制约中国能源安全的"马六甲困局"（the Malacca Dilemma）。"一带一路"建设的开放性发展，目的就是为了使中国与周边、中国与世界实现"不设置障碍"的互利合作、共同发展。

2 000多年前，亚欧大陆上勤劳勇敢的人民，探索出多条连接亚欧非几大文明的贸易和人文交流通路，后人将其统称为"丝绸之路"。千百年来，"和平合作、开放包容、互学互鉴、互利共赢"的丝绸之路精神薪火相传，推进了人类文明进步，是促进沿线各国繁荣发展的重要纽带，是东西方交流合作的象征，是世界各国共有的历史文化遗产。

正如"一带一路"愿景所宣示的那样，增进沿线各国人民的人文交流与文明互鉴，让各国人民相逢相知、互信互敬，共享和谐、安宁、富裕的生活，坚持和谐包容，倡导文明宽容，尊重各国发展道路和模式的选择，加强不同文明之间的对话，求同存异、兼容并蓄、和平共处、共生共荣。

民心相通是"一带一路"建设的社会根基。"一带一路"是一条互尊互信之路，一条合作共赢之路，一条文明互鉴之路。传承和弘扬丝绸之路友好合作精神，广泛开展文化交流、学术往来、人才交流合作、媒体合作、青年和妇女交往、志愿者服务等，为深化双多边合作奠定坚实的民意基础。所有有关增进沿线各国人民的人文交流与文明互鉴，让各国人民相逢相知、互信互敬，共享和谐、安宁、富裕的生活，都是对外打的很重要的"文化牌"，展示的是一个国家的软实力。你可以去谈判，可以去修路，可以达成各种协议，但真正要沟通的，首先就是民心通。

"一带一路"建设的重要支点之一就是"民心相通"。这是实现双向开放的内政和外交条件。民心通最有力、最有效的就是文化相通，文化相通当中就包含了语言通，语言不通怎么去做民心工作？习近平总书记在去年的中央民族工作会议上专门讲，解决民族问题、做好民族工作，最关键的是搞好民族团结，最管用的是争取人心。人心是最大的政治。做民族团结重在交心，要将心比心、以心换心。语言相通是人与人想通的重要环节。语言不通就难以沟通，不沟通就难以达成理解，就难以形成认同。这对民族地区"双向开放"都具有重要的现实意义。

民心相通，是中国特色解决民族问题正确道路的实践准则。体现着尊重历史、符合国情、顺应人心的道路特色。我们必须用这样一个民族政策的理念来考虑丝绸之路经济带、海上丝绸之路、经济走廊的对外开放建设。我国边疆少数民族地区，由于历史的原因与周邻国家和地区存在着传统的交往关系，其中包括语言相通、文化相通、习俗相通、宗教相通等因素。例如，新疆地区的多民族、多文化、多语言和宗教信仰等因素，与中亚几个国家都能够相通，跟西亚的国家也能够相通，甚至与其他穆斯林国家也能够相通。这是我们的优势还是劣势？承载这些文化的少数民族，在"一带一路"建设的对外开放中，应该在民心相通方面发挥更大的作用。

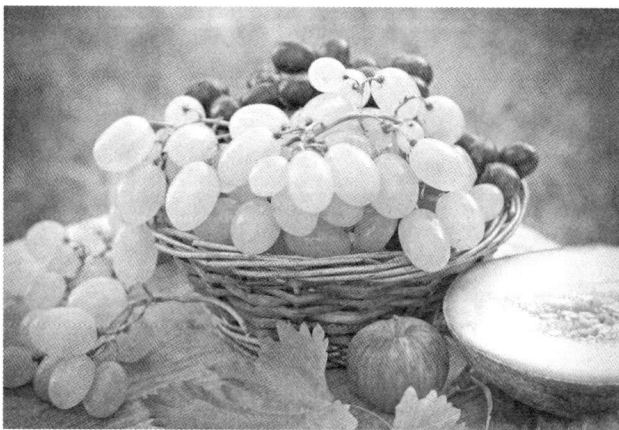

新疆盛产各类水果

　　"一带一路"建设的对外开放，使边疆少数民族地区发生了前所未有的地位转换，同时也面对着区域经济社会发展、特别是各民族人民发展进步的艰巨任务。作为双向开放发展的中心区域，既要走出去、又要请进来，还要应对敌对势力、"三股势力"的渗透和影响。这就要求我们坚定不移地走中国特色解决民族问题的正确道路，使中国民族政策的先进理念首先在国内得到全面贯彻落实。同时，培养边疆地区各族人民，特别是少数民族产业工人队伍和各类人才，使少数民族人民作为开发者、建设者、双向开放的实践者，这是民心相通的重要优势。中国的民族政策理念突出了尊重差异、缩小差距的基本指向，贯彻落实党的民族政策，是加快边疆民族地区经济社会发展的根本保障，也是使我国民族政策的先进理念，在"一带一路"建设中对外延伸的基础。

　　我们常说"外交是内政的延伸"，属于我国内政的民族政策中的观念和原则，同样可以延伸到对外开放的实践中。我国石油企业在中亚国家中的实践，就彰显了这种效果。例如在土库曼斯坦，我国的石油企业实行企业在地化、职工本土化，确定了中-土职工 3∶7 的比例，花大力气为所在国培养企业管理人才和工人队伍，尊重当地的文化、风俗习惯、学习当地语言，为当地民生等公益事业作出贡献。实现了民心相通基础上的经济效益和社会效益。这些实践，正是属于我国内政的民族政策的基本内涵，这些成功的实践，也证明了我国民族政策的有效性和正确性。同时，这也要求我们在国内、在边疆民族地区更好、更充分地贯彻落实民族政策，要做得更好！使"墙里"的民族政策之花，更加广泛地飘香于对外开放的"一带一路"建设中。在这方面，倒是值得反思。我们的国有企业在边疆民族地区进行资源开发，是否也做到了企业在地化、职工本土化？是否也去鼓励企业员工学习少数民族的语言、尊重少数民族的文化和习俗？花大力气、高成本去培养和吸收当地的农牧民成为国家企业的职工？如果说外交是内政的延伸，那么内政范畴的民族政策不应该"出口转内销"。

在有关部门的人士与外国驻华使节、外国企业介绍"一带一路"设想时，针对某个伊斯兰国家提出的问题，在阐释合作关系和相互学习时表示：这种合作也可以使中国"从中获取和穆斯林人民打交道的经验"。这听起来有些匪夷所思了。中国有 10 个少数民族信仰伊斯兰教，穆斯林人口 2 000 多万，这可不是个小数目。这 10 个少数民族是中华民族大家庭的成员，相互结成的命运共同体关系经年继世，历经千百年的相互生存，难道没有与"穆斯林人民打交道的经验"？多民族是我国的发展的优势，多宗教也是我国对外开放的优势，把握民族政策、宗教政策，在"一带一路"的对外开放中具有重要意义。在这方面，我们不是没有经验，而是要把国内民族团结互助、宗教和谐并存的经验延伸到对外开放的实践当中。

习近平总书记引用司马迁总结先秦、秦汉历史有关"夫作事者必于东南，收功实者常于西北"的说法，指出："一带一路"建设，"对民族地区特别是边疆地区是个大利好。要深入实施西部大开发战略，加快边疆开放开发步伐，拓展支撑国家发展的新空间。"这一"新空间"就包括了边疆民族地区的文化多样性优势，也包括了承载多样性文化因素的各民族人民在实现"以人为本"的发展中发挥的对外"人心通"的优势。从这个意义上说，中国民族政策中尊重差异、缩小差距的基本理念，与"一带一路"大棋局倡导的人文精神和互利共赢，是完全相通的。

总之，中国构建"一带一路"大棋局，目的是建设内通外联、开放包容的利益共同体，内在的机理是共商、共建、共享、共赢，而不是谋求地区事务或地缘政治的主导权。 沿线沿带国家不是棋子，都是棋手。 外交是内政的延伸，内政的成效关系到对外开放的成败。 坚定不移地贯彻中央民族工作会议的精神，在"四个全面"战略布局中推进"一带一路"建设，边疆地区的人文优势是最重要的"软实力"，我国的民族政策所包含的基本理念在对外开放中具有重要优势。

云南在国家向西开放战略中的地位与作用

范建华

范建华，云南省社科联主席，研究员,博士生导师。 曾任云南省社会科学院民族文学研究所所长，省文化厅副厅长，省文产办常务副主任。 担任中国文化产业协作体专家委员会委员，财政部国有文化资产管理专家委员会委员，国家行政学院、云南大学、中国传媒大学等高校兼职教授，青海省、甘肃省文化产业发展顾问。

　　"一带一路"建设的国家战略，是我国经济转向"新常态"背景下的必然选择，是国家全方位向西开放的重大战略部署。经过 30 多年的改革开放，中国经济取得的成就举世瞩目，然而 30 多年的政策红利、人口红利以及以巨大环境代价换取的快速发展已后劲乏力，驱动不足。在经济新常态下，如何实现突围，走上健康有序的可持续发展道路，是一个具有重大现实意义和深远历史意义的根本性问题。处于历史拐点的中国人民在党的十八大确定的正确路线指引下，立足现实，面向未来，作出了全方位对外开放的重大抉择，通过"一带一路"建设等关系全局的战略布局，使我国宏观经济全面走向国际化和市场化，积极参与国际合作与国际市场竞争，在全球经济一体化中凸显中国经济对世界经济的拉动与贡献，并有力带动国内经济的常态健康发展，实现互利共赢，维护世界和平与发展。在此战略空间布局上，习总书记 2015 年初考察云南时将云南定位为：主动融入和服务于国家战略，努力建成我国面向南亚、东南亚的辐射中心。这给云南的发展指明了方向，明确了目标，确定了地位。

丝绸之路与国家向西开放战略

　　2000 多年前古丝绸之路的开辟，有力地促进了东西方的经济文化交流，对促成汉朝的兴盛产生了积极的作用。其中，北方丝绸之路是中国与西方联系的主通道；南方丝绸之路（蜀身毒道）是中国最早与外界联系的古道；海上丝绸之路是唐宋以后中国面向南海连接太平洋、印度洋以及亚洲、美洲、澳洲、非洲、欧洲五大洲的国际大通道。

纵观世界历史，世界的中心经历三个转移：亚洲（元代）——欧洲（二战以前）——北美洲（二战以后）。世界中心的不断转移，实则是地缘政治的权利转移，是由地缘政治所决定的。但地缘政治的中心又是不断转移的，诚如阿尔文·托夫勒在《权力的转移》中所述，权力是此消彼长的，在世界经济一体化的背景下，经济的不均衡增长导致了财富的革命，而经济基础决定上层建筑，政治必须为经济拓展更广阔的发展空间。以新丝绸之路为主体的向西开放的"一带一路"框架，是中国构建全方位对外开放和重要经济文化联系带的重大战略决策，必将推进亚欧经济共同体走向深度融合，新的地缘格局必将再度深刻影响世界。习近平总书记提出的"一带一路"建设和亚投行、丝路基金等重大项目的实施正是世界经济格局在新常态下的科学决策。

从地缘政治和区域经济发展战略的角度看，重振南方丝绸之路是中国印度洋战略的必然选择和构建孟中印缅经济走廊的客观需要。中国中部、大西南乃至整个西部与东南亚、南亚、欧洲的贸易与交流，通过大西南与中南半岛出印度洋则更经济、便捷。南方丝绸之路战略在一定程度上改变了区域经济发展格局，例如中国西南、印度东北部、缅甸、孟加拉等相对而言均属欠发达地区，此前邦省级别的合作动力有限。而将打造"经济走廊"上升至国家层面，能够通过四国延伸带动亚洲经济最重要三块区域的联动发展，利用孟中印缅地理相邻、经济互补性强、合作基础良好和发展潜力巨大的优势，进行经贸合作，构建具有强大吸附能力和辐射能力的经济带。随着区域经济一体化步伐的加快，四国发挥地缘优势，进一步巩固政治互信、深化投资贸易、促进互联互通和加强人文交流显得更为重要。

重构 21 世纪海上丝绸之路，是环太平洋地区加强国际合作、维护地区安全、促进共同发展的现实选择。中国的经济力量离不开海上贸易，自古以来，海上丝绸之路秉承和平的海洋贸易思想，以对外贸易的开放促进经济发展。从我国海洋开拓历史演变上看，海上贸易并没有通过军事威胁、武力征服、野蛮占领等手段推进，而是以强大的国力为后盾，采用自由贸易、和平交往、友好往来等方式进行。近两千年来，除了元朝的军队挟着横扫欧亚大陆的威猛，进攻过安南、占城、爪哇和日本等国家和地区以外，其他历朝历代对海洋周边国家和地区都和平相处，尤其是海上贸易方面更是如此，这也是海上丝绸之路得到"友谊之路""和平之路"美誉的原因之一，从经贸往来上看，海上丝绸之路促进了唐宋以来的对外开放政策，从西汉到元朝的千年间，历代王朝基本上都以对外开放的心态，鼓励海上贸易的发展。宋朝是唯一长期不实行"抑商"政策的王朝，也是当时世界最重要的海上贸易大国。当时中国拥有最庞大的帆船舰队和商船队，频繁远航至阿拉伯、东非、印度、东南亚和东亚的日本与朝鲜。海上丝绸之路为沟通中外各国的友好交往，促进中外各国的社会、经济和文化的繁荣发展，作出了重要的历史贡献。从当前发展来看，重构 21 世纪海上丝绸之路，在区域合作机制方面不断创新，破除阻滞区域经济一体化和贸易、投资便利化的种种障碍，加快实施自由贸易区战略，扩大贸易、投资合作空间，构建区域经济一体化新格局，是环太平洋地区加强国际合作、维护地区安全、促进共同发展的现实选择。

云南的地理方位、历史地位突出，具有战略意义

　　云南在"一带一路"究竟有着什么样的地位和作用？我们说，云南是中国对西南开放的前沿和窗口。云南区位优势十分明显，内接西藏、四川、贵州、广西等省（区），外邻缅甸、老挝、越南等国，边境线长4 000多公里，占全国陆地边境线的近1/5，是我国通往东南亚、南亚最便捷的陆路通道，具有沟通太平洋、印度洋，连接东亚、东南亚和南亚的独特优势。作为中国对西南开放的前沿和窗口，云南与缅甸、老挝、越南相互毗邻的地区均属有关各国的边疆民族地区，边境结合部具有山水相连、通道众多、民族相同、语言相通、边民往来密切等特点。同时，云南多民族和谐共处，与周边国家关系和睦，长期保持民族团结和边疆稳定的良好局面；拥有丰富的矿产、水能、生物等自然资源以及民族文化和旅游资源，发展潜力巨大。这种特殊的地理、历史和人文条件，决定了云南与周边国家在民族和民族问题方面有着密切的关系。

中缅边境的缅甸国门

　　云南在中国宏观地理经济中地位特殊。在经济全球化曲折发展、国际区域经济合作不断深化和国家进一步深入实施西部大开发战略的新形势下,云南经济社会快速发展,滇中城市群带动能力明显增强,区域自主发展能力明显提高,全省经济社会发展取得显著成就,具备了进一步加快发展步伐,建设面向南亚、东南亚辐射中心的基础条件。作为具有重要战略地理位置的云南省,对内正好处于中国两大重要经济圈和经济带的接点上,向东可与珠三角、长三角经济圈相连;向南可通过建设中的泛亚铁路东、中、西三线直达河内、曼谷、新加坡和仰光;向北可通向四川和中国内陆腹地;向西可经缅甸直达孟加拉吉大港沟通印度洋,进入南亚次大陆,连接中东,到达土耳其的马拉迪亚分岔,转西北进入欧洲,往西南进入非洲,对外是中国西南部和中部地区对外开放的重要枢纽和平台,是中国西南地区与东南亚、南亚次区域合作的结合部,因此,内联可依托川渝连长江经济带,南接粤桂,可依托珠三角及港、澳与海上丝绸之路相连接;外联可发挥面向西南开放的重要窗口辐射作用,构建我国通往东南亚、南亚的陆路国际大通道,从而进一步提升我国沿边开放质量和水平,形成全方位对外开放新格局,通过加强与周边国家的互利合作,促进共同发展,增进睦邻友好,不断促进区域协调发展,加快边远地区脱贫致富,推动丝绸之路经济带的西南区域又好又快发展,实现各族群众共同富裕和边疆和谐稳定。

　　云南在中国对外关系史上也具有重要的历史地位。南方丝绸之路是我国古代西南地区一条纵贯川滇两省,连接缅、印,通往东南亚、南亚、西亚以及欧洲各国家古老的国际通道。古老的南方丝绸之路是中国最早有记载的对外通路,先秦时期,这里便是中国走向西方的重要交通线,云南便处在中外交通史上最早的前沿和起点。云南省是亚洲的地理中心，昆明是亚洲 5 小时航空圈的中心，具有"东连黔桂通沿海，北经川渝进中原，南下越老达泰柬，西接缅甸连印巴"的独特区位优势，处在南北国际大通道和以深圳为起点的第三座东西向亚欧大陆桥的交汇点，是中国面向东南亚、南亚、中东、南欧和非洲五大区域开放的前沿通道，其历史地位和地缘意义极为重要：从全球的视野重新定位云南的世界经济坐标，就会发现云南位于东亚、东南亚和南亚三亚之枢纽、六江之动脉，沿亚洲 6 条大河独龙江（伊洛瓦底江）、怒江（萨尔温江）、澜沧江（湄公河）、金沙江（长江）、元江（红河）、南盘江（珠江）均可在云南形成自然的国际大通道。这个全新的定位让云南在"三亚"中具有了不可替代的中心枢纽地位和作用。

　　云南是二战时期的国际交通大动脉和生命运输线。二战时期，在原南方丝绸之路基础上构筑的史迪威公路，以及沿南丝绸之路走向开辟的驼峰航线，是中国抗战最艰苦时期唯一的国际交通大动脉和抗战大后方获得国际支援的生命运输线。史迪威公路从印度东北部边境小镇雷多出发至缅甸密支那后分成南北两线，南线经缅甸八莫、南坎至中国畹町；北线经过缅甸甘拜地，通过中国猴桥口岸、经腾冲至龙陵，两线最终都与滇缅公路相接，在抗战时期开辟了一条新的国际通道，作为连接中国和印度这两个当今世界上人口最多、经济发展速度最快国家的最便捷通道，史迪威公路是中国走向南亚大市场最便捷、最具经济吸引力的陆路大通道，具有重要的经济意义和历史价值。作为国际通道的重要节点和具有重要战略意义的地缘枢纽，云南被赋予了在新一轮的国际外交和地缘政治区域经济、地域文化中新的使命。

　　国家将云南确定为中国面向南亚东南亚辐射中心已明确了云南应发挥的作用。国家将云南确定为中国面向南亚东南亚辐射中心，是国家统筹国内发展和全方位对外开放，深入实施西部大开发战略，促进区域协调发展和边疆长治久安的重大部署，也是云南省进一步加快发展、实现科学发展面临的难得历史机遇。 而国家对云南的战略定位，决定了云南率先形成统筹国内发展和对外开放，形成以滇中城市经济圈为支撑、沿边开放经济带为窗口、对内经济走廊为纽带的空间格局和以边境经济合作区、跨境经济合作区建设为重点，完善跨境交通、口岸以及沿边干线公路等基础设施，培育和发展商贸物流、跨境旅游，重点发展外向型特色加工制造业，加快形成沿边经济带的整体目标，也决定了云南在扩大和加强陆路与东南亚、南亚国家的交通联系，推进我国经云南通往东南亚、南亚国际大通道境内段的建设中的责任和使命。

云南和东盟加速的泛亚铁路、昆曼大通道等正是中国走向东南亚、南亚的重要枢纽。 云南省内铁路、公路、水路、航空等交通基础设施建设初见成效，能源、水利和信息基础设施建设也具有一定基础。 近年来，云南省与东南亚、南亚国家的经贸合作取得长足发展，贸易、投资和经济技术合作跃上新台阶。 中国—东盟自由贸易区正式建立，大湄公河次区域合作深入推进，孟中印缅地区合作不断发展。 与泛珠三角区域合作，滇沪、滇粤、滇港等合作也不断深化，以泛亚铁路、昆曼大通道等为代表的交通廊道有效促进了经济往来和文化交流，不断拓展云南和东盟加速开放领域和空间，云南省从开放的末梢变为开放的前沿。

云南是中国加强孟中印缅经济合作走廊建设和大湄公河次区域合作中的具体承担者。 在国际政治上，传统来说，中国处在欧亚大陆边缘地带，而沿海这一线无疑又是边缘中的边缘。 随着美国"重返亚洲"及被外媒所称的中国为反制美国"重返亚洲"而推出"重返太平洋"，加上东海及南海因海洋权属争议而形成的"问题体系"，中国东线战略压力倍增，急需寻找一个有巨大战略内生力释放空间的新战略后方。从这一维度看，"中印缅孟走廊"的地缘格局十分重要。从经济角度看，孟中印缅经济走廊把区域的互联互通推向了南亚地区，对于发挥云南地缘优势，进一步巩固政治互信、深化投资贸易、促进互联互通和加强人文交流起到了重要作用。同时，云南参与大湄公河次区域经济合作带来了铁路、公路、水运等方面的发展机遇，也带来了经济合作、进出口的合作对消费需求增长的拉动作用。尤其是孟加拉吉大港将中东地区的石油、天然气直接经陆路进入云南是最为便捷的油气输送带，这无论从经济核算还是国家石油战略上讲都具有极为重要的意义和价值。

云南应当成为连接三路、两洋、三洲的核心枢纽

云南是连接"三路"（北方、南方和海上丝绸之路）的节点。云南沿边开放的经济逻辑是基于国家战略取向的经济地理价值，云南作为中国面向南亚、东南亚的辐射中心，在中国全方位对外开放中将处于重要的沿边经济开放枢纽地位，在战略价值上，将凸显在国家战略层次、沿边区域发展层次、中国—东盟国际合作层次、沿边区域—东南亚南亚国际次区域合作层次四位一体的意义。具体而言，由昆明北上通过成都，西方可直接与北方丝绸之路相连，亦可通过茶马古道与唐蕃古道进而与北丝绸之路交汇，形成云南及两广北上到中亚进入东欧的国际大通路，促进中国东南经济与西北经济和国际相融的格局的形成。

云南是沟通中国西部与华南经济的互补开放的中枢。从海上丝绸之路的地理格局看，云南是东海丝绸之路和南海丝绸之路的交汇区域，依托云南出越南海防市、胡志明市即可进入南海，经马六甲海峡进入印

度洋，同时经缅甸北部可直接进入印度腹地，经加尔各答和孟买入印度洋，经红海抵地中海，达欧洲，这就把南方陆上丝绸之路和南方海上丝绸之路两线相连，有效沟通了中国西部与华南经济的互补开放，有利于打破行政区划，促进人口、经济、资源环境的空间均衡，形成西部地区与华南地区优势互补、相互促进、共同发展的区域协调发展格局。

云南是中西部地区走向国际的重要门户。沿边开放自古以来就是云南的特色所在、优势所在、潜力所在。云南是我国通往东南亚、南亚最便捷的陆路通道，具有沟通太平洋、印度洋，连接东亚、东南亚和南亚的独特优势。自1992年国务院批准瑞丽、畹町、河口3个国家级边境经济合作区以来，云南充分利用边境经济合作的平台，深入实施"工业稳区、贸易强区、服务富区"战略，不断推进开发开放进程，逐渐成为中国西部和中部内陆地区沿边开放进而走向世界的重要门户，云南以边境经济合作区、跨境经济合作区建设为重点，完善跨境交通、口岸和边境通道基础设施的发展，对于把中西部地区的经济发展纳入经济全球化发展之中的国家战略起到重要推动作用。作为以黔、湘、鄂等中部内陆地区和渝、川、桂等西南地区的重要对外窗口，云南一方面承接上述省市区的支撑，一方面扮演上述省市区对外的前沿窗口角色，就使得国家全方位对外开放，尤其是"一带一路"向西开放战略中云南的门户作用极为突出。

以云南为枢纽通过珠江经济带、长江经济带可将北方丝绸之路与海上丝绸之路相连通，并将太平洋、印度洋两大洋相连接，从而构成连接中国与亚洲、欧洲及非洲三大洲的网络状联系。

云南的基础条件与发展担当

新丝绸之路经济带建设，可以综合交通通道为展开空间，依托以沿线交通基础设施和中心城市，对域内贸易和生产要素进行优化配置，促进区域经济一体化，最终实现区域经济和社会同步发展。 推进贸易投资便利化、深化经济技术合作、建立自由贸易区，是新丝绸之路经济带建设的三部曲。

我国"以邻为伴、与邻为善"和"睦邻、安邻、富邻"周边外交方针的深入贯彻，为云南省广泛参与国际区域经济合作营造了良好的国际环境。 西部大开发战略的深入实施，使云南省在全国区域协调发展格局中的地位进一步凸显，为云南省增强自我发展能力和区域竞争力注入了强劲的动力。 孟中印缅经济走廊、大湄公河次区域合作的启动和开展，瑞丽国家重点开发开放试验区、国家级边境经济合作区和红河国家综合保税区的获批和推进，在拓展国际交流合作，提高对外贸易水平，推进全方位、宽领域、多层次对外开放方面，均具有重要的实验意义，对于加强国际综合运输通道、国际航运、国际物流体系、口岸设施、城市基础设施建设也将起到重要推动作用。

云南通往周边国家的中越、中老泰、中缅、中印公路国内段以及通往邻省的 7 条干线公路已基本实现高等级化；通往老挝、越南等大湄公河次区域国家的国际客货运线已有 16 条，打通了云南对外开放的各条经脉。 铁路方面，"八入滇四出境"的铁路网络已经纳入国家规划。目前，滇藏、昆沪、渝昆、云桂 4 条新的线路正在抓紧建设，中越、中泰、中缅、中国经缅甸至南亚的铁路正在开展前期工作。 在航空方面，全省已建成 12 个机场，在建的 4 个机场于 2015 年投入运行，共开通航线393条，通航城市 130 个。 在水运方面，云南省大力发展澜沧江—湄公河国际航运，全力建设长江黄金水道，积极开发右江—珠江水运通道，努力发展库湖区旅游航运，使全省水运建设取得了较为显著的成绩。

云南加大与周边国家通路、通电、通信、通商、通油、通气、通市、通关工作已全面深化，为向西开放夯实基础。 随着各国经贸关系的日益密切和云南交通规划的逐步实现，云南将彻底摆脱边远、封闭、滞后的交通状况，云南和西南地区将成为连接世界三大经济圈——中国东部沿海经济圈、东南亚经济圈和南亚经济圈的桥梁和纽带，三股经济力量的竞相推进，三大市场的交融互补，将使云南成为我国开展区域性合作的战略高地，实现西部大开发中充满活力的区域性经济腾飞。 以连接内外、通江达海、沟通两洋（太平洋、印度洋）为目标，以通路、通电、通信、通商、通油、通气、通币、通关"八通"为重点，云南面向西南开放的国际大通道建设取得实质性突破，中国与东南亚、南亚在交通、经贸、通信、能源等方面逐渐实现畅通有序，区域间互利互惠的战略关系日益加强，为云南全面实现向西开放战略打下了坚实基础。

近年来，云南通过承接东部地区产业转移，打造承接产业转移基地，推进泛珠三角区域合作，不断进行区域创新和全方位开放发展，成功举办了 3 届中国-南亚博览会和 23 届中国昆明进出口商品交易会，使之成为我国与东南亚、南亚交流合作的重要平台。 云南进一步加强周边省市区合作、滇沪、滇浙合作、泛珠三角区域合作和港澳台地区的合作为云南在全方位开放战略中，有了强大的国内依托。 高起点、有针对性地承接沿海地区和国外产业转移，依托国家级、省级开发区、边境经济合作区、口岸经济区，以及海关特殊监管区域，积极吸引国内外投资、国际金融组织贷款，建设背靠大西南，连接珠三角、长三角地区，面向全国，辐射南亚、东南亚的产业转移基地的开放与合作，使向西开放有了强大的国内依托。

云南在面向南亚东南亚辐射中心建设战略中应努力推动文化"走出去"。

南方丝绸之路不仅是一条商贸通道，更是一条文化通道。中国文化通过南方丝绸之路西传，丰富了南亚、中亚、西亚和欧洲地中海文明的内容，对于世界古代文明的发展作出了重要贡献。我们应考虑，用文化旅游线路整合省内沿线资源，打造精品线路，推进沿线旅游区域的合作。同时，与川、黔两省联合，对古道沿途的巴蜀文化、滇文化、夜郎文化和佛教文化、毕摩文化、东巴文化以及其他多姿多彩的少数民族文化予以发掘、保护与研究，为今后中、缅、泰、印等国联合申报南方丝绸之路世界遗产做基础性工作。

云南跨境民族是中华文化"走出去"的重要载体和媒介。人文关系上的类同性，使得跨境民族对我国及毗邻国家的政治、经济、外交产生种种直接或间接的影响。云南是中国跨境民族最多的省份之一。云南有汉族和壮、傣、布依、彝、哈尼、拉祜、傈僳、景颇、阿昌、怒、佤、独龙、德昂、布朗、苗、瑶等17个民族与缅甸、泰国、越南、老挝等国家跨国而居，各民族群体所跨居的国家数量有所差异，同一民族在不同的国家也可能有不一样的自称或他称，但每一个单一民族群体在历史上都有密切的渊源关系，在现实中也有较强的民族认同，观念风俗习惯相近，语言相通，历史上形成的探亲访友、通婚互市、过耕放牧、拜佛朝庙、节日聚会等传统交往至今未间断过，这些成为经济文化上互利互补的重要因素。

大力开展跨境文化的交流与合作，探索文化产品的进出口机制，不断增强跨境文化的传播力。既应大力推动政府对外文化交流，也应大力加强民间文化交流。既应加强公益性文化交流，也应积极推动商业性文化贸易的发展。树立一盘棋的思想，加强研究，充分挖掘和发挥民族资源、文化资源、人才资源等不同优势，形成跨境文化传播的强大合力。

结　语

云南特殊的地理位置、特有的历史联系和特别的战略作用，无论历史还是现实在我国全方位对外开放中都具有十分重要的战略地位，必将为我国全方位对外开放，特别是以"一带一路"建设为重点的向西开放大战略中凸现自己独特的作用。从国家战略层面讲，中央应当对云南在"一带一路"对外开放总格局中给予高度重视，并赋予其承担重要的历史责任。从一定意义说，在国家全方位向西开放格局中，云南与新疆，应该成为南北呼应、两翼齐飞、齐头并进的两个重要的窗口与枢纽。而从云南角度出发，云南应积极努力争取成为国家向西开放战略中的重要省份，并得到国家相应的政策支持，获得国家重大项目转移支付的帮助，也获得中西部内陆兄弟省市区的理解与信任，真正发挥好桥梁纽带和窗口作用，服务于全国全方位对外开放的大战略。

以更加主动的姿态推动
"一带一路"沿线国家教育合作发展

瞿振元

　　中国高等教育学会会长，国家教育咨询委员会委员，国家教育考试指导委员会委员，2013—2017年普通高等学校本科教学工作评估专家委员会副主任委员，教育部高等学校章程核准委员会委员，第十、十一届全国政协委员。

　　2013 年 9 月和 10 月，国家主席习近平在出访中亚和东南亚国家期间，先后提出共建丝绸之路经济带和 21 世纪海上丝绸之路（以下简称"一带一路"）的重大倡议，得到国际社会高度关注。 2015 年 3 月 28 日，国务院三部委发布《推动共建丝绸之路经济带和 21 世纪海上丝绸之路的愿景与行动》，以加快共建"一带一路"。 "一带一路"旨在通过经济政策协调、要素自由流动、资源高效配置和市场深度融合，以共同利益推动沿线各国经济繁荣与区域经济合作，加强不同文明交流互鉴，促进世界和平发展。 在这一世纪性系统大工程中，我国教育特别是高等教育如何担当起应该担当的使命，以更加主动的姿态推动"一带一路"沿线国家的教育合作发展，培养出宏大的人才队伍，适应和引领"一带一路"建设，并且在这一伟大进程中做强自身，建成高等教育强国，需要我们认真思考、周密研究、大胆探索、持续实践。

"一带一路"建设是国家重大战略

　　"一带一路"建设是以经济贸易为主要载体、以互联互通为核心概念、以互利共赢为基本目的的跨国战略合作设想，是对古丝绸之路的传承和提升。 它东接亚太经济圈，西进欧洲经济圈，沿途连通中亚、东南亚、南亚、西亚和东非等 64 个国家①，是开放、包容、普惠的经济合作倡议，不限国别范围，不是一个实体，不搞封闭机制，有意愿的国家和经济体均可参与进来，共同发展、合作发展。"一带一路"战略打破了原来点状、块状的区域发展模式，成为一种新的发展模式。"一带一路"沿线大多是新兴经济体和发展中国家，目前总人口约 44 亿，经济总量约 21 万亿美元，分别约占全球的 63％和 29％。这些国家普遍处于经济发展的上升期，资源禀赋各异，经济互补性较强，彼此合作潜力和空间很大。

"一带一路"建设主要包含经济贸易、区域秩序、人文交流三方面的内涵，以政策沟通、设施联通、贸易畅通、资金融通、民心相通"五通"为主要内容。这些内容大体是："政策沟通"旨在加强政府间合作、共同为务实合作及大型项目实施提供政策支持；"设施联通"主要有交通、能源、通信基础设施，技术标准体系等的建设；"贸易畅通"主要有自由贸易区、海关合作、认证认可、标准计量、统计信息、跨境电子商务、现代服务贸易、农林牧渔业、跨境经济合作区等的合作发展；"资金融通"主要有双边本币互换、结算，亚洲债券市场、亚投行、金砖国家开发银行筹建，上海合作组织融资机构，丝路基金等的建设，金融监管合作等内容；"民心相通"主要包括文化交流、学术往来、人才交流合作、媒体合作、合作办学、人才培养、互办文化年、旅游合作、医疗援助、体育交流、科技合作、职业技能培训、社会保障管理、公共行政管理、立法机构、主要党派、政治组织、城市、国家智

---

① 目前为止统计沿线 64 个国家,其中亚洲 43 国,中东欧 16 国,独联体 4 国,非洲 1 国(资料来源:中国社会科学网,http://www.cssn.cn/gj/gj_gwshkx/gj_jj/201504/t20150408_1578096.shtml,2015 年 4 月 8 日)。

库、民间组织、减贫开发、世界文化遗产保护、生物多样性和生态环保等方面的合作发展。 "一带一路"建设在农业、纺织、化工、能源、交通、通信、金融、科技、医疗等诸多领域，一百多个具体方面具有广阔的合作空间。 从《愿景与行动》中还可以看到，"一带一路"建设中，将通过进一步扩大对外开放，着力打造深度融入经济全球化的 1 个战略支点、2 个核心、7 个合作区、9 个内陆开放型经济高地、15 个沿海城市港口和 2 个国际枢纽机场等，这几乎覆盖了全国绝大部分省市区的基础设施建设和产业发展。 这一战略构想的实施必将对我国经济可持续发展、社会团结稳定、科技人文交流产生重大、深刻和持久的影响。

"一带一路"是促进共同发展、实现共同繁荣的合作共赢之路，是增进理解信任、加强交流合作的和平友谊之路，是战略性、长期性、高层次、全方位的宏大战略。 它承载着全面开放、统筹发展、民族复兴的伟大目标和崇高使命。 要实现这一目标的空间范围广、时间跨度大、实施周期长，不是一年两年或十年八年能立见成效的，要把眼光放到 2020 年、2030 年、2050 年几个时段，在实现中华民族伟大复兴的中国梦的历史进程中进行思考和把握，确定近中远期目标和重点，先易后难，分阶段分步骤实施推进。 对其长期性、艰巨性、复杂性始终保持清醒认识。 无动于衷不行，急躁冒进也不行。 在过去的 20 多年中，以金砖国家为代表的新兴国家的经济增长速度超过发达工业国家的一倍，改变了国际经济政治格局，而"一带一路"建设必将进一步改变国际经济政治格局。

"一带一路"建设对做好我国教育对外开放提出了新使命和新要求

"人类命运共同体"是中国政府近年来反复强调的关于人类社会发展的新理念。党的十八大报告首次明确提出，"要倡导人类命运共同体意识，在追求本国利益时兼顾他国合理关切，在谋求本国发展中促进各国共同发展"。习近平主席在不同场合 60 余次谈到"人类命运共同体"，尤其是在国际交往领域中使用得更为频繁。2013 年 4 月，清华大学苏世民学者项目启动，习近平主席亲自致信，在信中，他对"人类命运共同体"这一概念作了进一步的阐释。他说："今天的世界是各国共同组成的命运共同体，战胜人类发展面临的各种挑战，需要各国人民同舟共济、携手努力。""一带一路"建设强调通过全方位的务实合作，打造利益共同体、命运共同体和责任共同体。可以说，提出并实施"一带一路"建设正是我国对"人类命运共同体"理念的一次言而有信的实践。

教育承担着独特的使命

穷则独善其身，达则兼济天下，是中国自古以来就有的以天下为己任的担当。在今天中国即将全面建成小康社会、进而步入中等发达国家行列之际，"一带一路"战略的推出和亚投行的组建，都体现了这种情怀。"一带一路"沿线国家多半遭受过旧殖民统治体系的剥削和压制，由于历史与自身情况的制约，很多国家至今无法摆脱贫困、饥饿、动乱的困扰，而在其现代化进程中，又不得不面对二战以来依据丛林法则形成的世界政治、经济格局，但其发展策略和发展道路又不可能走以往发达国家的老路，因而在世界多极化、经济全球化、文化多样化和社会信息化持续推进的世界潮流中，迫切需要在更加公正合理的国际体系中发展自己。

从世界历史发展的角度看，现代国际体系的形成经历了三个重要阶段。第一阶段以 1648 年的《威斯特伐利亚和约》为标志，确定了国际关系中应遵守的国家主权、国家领土与国家独立等原则，为民族国家在国际事务中的合法地位奠定了基础。第二阶段是以 1815 年维也纳会议为代表的主权国家之间的联盟，欧洲列强通过谈判结束了 20 多年的战争并改画了欧洲大陆的版图。由此形成的国家间的联盟成为处理国际事务的重要形式，如北大西洋公约组织、东盟、上海合作组织等。第三个阶段是"二战"之后在美国主导成立的以主权国家为基础的联合国系统，如联合国、世界银行、国际货币基金组织等。这些组织在"二战"以后直至今天依然在世界和平与经济社会发展过程中起着重要作用。但是，也必须看到，这些国际组织是当时国际政治经济实力的反映，以西方国家的价值理念为基础，它们拥有举足轻重的权力，从来就不是简单地建立在公平正义理想基础之上的，带有深深的历史烙印和相应的局限性。例如，国际货币基金组织规定重大决策通过需要至少 85％的支持率，而美国持有 17.67％的投票权，也就是一票否决的权力。这些组织的领导人由欧洲人和美国人推荐也是组织惯例。国际金融危机以来，在 G8 和 G20 国峰会上，增加中国、印度、俄罗斯等在世界银行、国际货币基金组织的投票权利份额的要求已多次提出，但均在美国国会遭到否决。因此，中国要站在更高的高度，从人类社会发展阶段以及世界发展不平衡的客观角度，承担"发展中大国"的"大国责任"，包括坚持走和平发展道路，致力于建设和谐世界，一贯发挥建设性作用，注重维护自身"负责任大国"形象，积极参与现存国际体系，同时又以负责任的态度致力于改革国际体系，使之趋向公正合理。 中国倡议的"一带一路"建设和设立亚投行，就是着力于欧亚大陆互利共赢一体化发展和利益共同体及命运共同体的意识，是兼济天下的使命担当。

习近平主席在谈到"人类命运共同体"时，针对教育，特别强调："教育应该顺此大势，通过更加密切的互动、交流，促进对人类各种知识和文化的认知，对各民族现实奋斗和未来愿景的体认，以促进各国学生增强相互了解，树立世界眼光，激发创新灵感，确立为人类和平与发展贡献智慧和力量的远大志向。"认清"大势"是认知使命的前提。 教育的使命就来源于这个"大势"，顺应于大势，服务于这个"大势"。

新中国成立以来，特别是改革开放以来，我国教育顺势而为，逐步形成全方位、多层次、宽领域的对外开放格局，建成了世界最大留学输出国和亚洲最大留学目的地国。 加入 WTO 以来，我国教育开放承诺水平在世界主要国家中已相对较高，有的方面高于一些发达国家，更是高于一批尚未承诺开放本国教育重要参照国。 新形势下教育如何顺应新势、抓住机遇，承担好"一带一路"建设提出的新使命与新要求是摆在我们面前的重要任务。

教育特别是高等教育首先和主要的任务是人才培养

"一带一路"建设需要什么样的人才呢？ "一带一路"建设的浩大内容，可以分为三个方面：一是交通、信息、能源基础设施，贸易与投资，能源资源，货币金融互联互通，可以理解为工程建设和经济贸易；二是区域性的生态环境保护，海上合作领域，政策的互联互通，可以理解为区域政治和秩序；三是区域性的语言文化、科技人文、卫生和旅游等人文领域的互联互通，可以理解为人文交流与合作。这些战略所涵盖的建设内容，包括基础设施建设、技术、资本、货币、贸易、文化、政策、民族、宗教，等等，无一不需要教育特别是高等教育提供人才支撑。

首先，大量的基础设施建设，需要宏大的不同领域的工程技术、项目设计与管理等专业人才。据亚洲开发银行的评估报告显示，2010—2020 年，亚洲各国累计需要投入 7.97 万亿美元用于基础设施的建设与维护，涉及 989 个交通运输和 88 个能源跨境项目[①]。这些项目的建设完成，需要数以十万乃至百万计的铁路、管道、电力、公路、港口与通信等产业的工程建设、设计施工、质量控制与保障、经济管理人才，要加强工程、政治、经济、管理等各领域的专家协作。

其次，随着众多的企业落地，亟需大量通晓当地语言、熟知当地政治经济文化风俗人文地理的人才，特别是东南亚、南亚、中亚、东北亚乃至西亚国家政治、经济及风土民情的人才。"一带一路"沿线有 64个国家，还在不断有国家和地区参与进来，而通晓亚洲小语种的人才却是奇缺，遭遇"小语种危机"，小语种教学和小语种人才培养任务很重。而且，我国大众观念中的外语几乎就相当于是英语，国外就几乎相当于发达国家，这些观念与我国日益深入和多元开放的国际化进程很不适应，亟待改变。

第三，区域性经贸往来和良好秩序的形成，需要大量的国际贸易人才。"一带一路"正在形成除大西洋贸易轴心和太平洋贸易轴心之外、

---

① "一带一路"战略实施中国高等教育使命需及时调整，光明网-《光明日报》，2015 - 05 - 12.

新的以亚欧为核心的全球第三大贸易轴心。目前"一带一路"国家GDP总量达 20 万亿美元（约占全球 1/3）。区域国家经济增长对跨境贸易的依赖程度较高，2000 年各国平均外贸依存度为 32.6%；2010 年提高到 33.9%；2012 年达到 34.5%，远高于同期 24.3% 的全球平均水平。根据世界银行数据计算，1990—2013 年期间，全球贸易、跨境直接投资年均增长速度为 7.8% 和 9.7%，而"一带一路"沿线国家同期的年均增长速度分别达到 13.1% 和 16.5%；尤其是国际金融危机后的 2010—2013 年期间，"一带一路"国家对外贸易、外资净流入年均增长速度分别达到 13.9% 和 6.2%，比全球平均水平高出 4.6 个百分点和 3.4 个百分点。预计未来十年，"一带一路"国家出口规模占比有望提升至 1/3 左右①。亚投行成立后的首个项目即是丝绸之路经济带的建设，这就亟需大量懂得资本运作、货币流通、贸易规则制定、通晓国际规则的人才。

加强民族理解和文化理解教育，力促民心互通

民心互通说到底是文化的交融。文化是全人类共通的精神产品。要使得"一带一路"战略顺利实施，互利互惠是根本，民心相通是社会根基。沿线国家普遍国情复杂，宗教信仰、地缘政治、民心社情等比较复杂，政局动荡很难预期，地区、阶层、宗教派系差异性大，只有全面了解民间需求与广泛民意，消除误解误判，才能促进合作，只有沿线国家的学者、企业家、政府部门、民间组织和民众充分理解历史文化背景与民心社情，才可能更好地实施这一战略，而这正是目前非常缺乏的，

---

① "一带一路"引领中国未来开放大战略，《上海证券报》，2015 - 01 - 14.

需要加强增进民族理解和文化理解认同的教育。需要为"一带一路"政策制定者、传播者和从事实际工作的政府官员、企业家、民间人士等提供全面、深入的历史、地理、语言、文化、宗教、政治等方面的知识培训，才能有效实现"政策沟通"；需要培养一批具备较好的国际交往能力，具有较好社会影响力与社会声誉，能经常往来于各国间的民间人士、文化使者，他们通过非营利组织（NGO）志愿者、学术研究、文化交流等方式进入到整个社会的肌体中，才能达到民心相通。

孔子像

教育特别是高等教育要努力提供智力支持、贡献宝贵智慧

世界历史发展表明，各个国家在全球格局中的经济、政治地位并非不可改变，世界存在于动态变化之中。亚太国家要想在新一轮的世界格局变化中占据新的席位，必须顺应地区和全球合作潮流。著名历史学家、《世界历史》作者斯塔夫里阿诺斯曾说，"如果其他地理因素相同，那么人类取得进步的关键就在于各民族之间的可接近性。最有机会与其他民族相互影响的那些民族，最有可能得到突飞猛进的发展。实际

上,环境也迫使它们非迅速发展不可,因为它们面临的不仅仅是发展的机会,还有被淘汰的压力"。 "一带一路"建设正是既承认沿线国家各自发展独特性,又结成互为中心和源头的共同发展体系。 这种共同的发展体系决定了必须加强对人类命运共同体共同面对的重大课题的研究,提出可行的解决方案。

首先,要为建设和谐区域治理体系贡献智慧。 "一带一路"沿线大多为新兴国家,随着新兴国家的发展,它们在国际事务中影响力不断上升,但国际政治经济秩序不公平不合理的状况依然存在,不同国家和地区经济社会发展不平衡现象十分普遍,贫富差距日益扩大,地区冲突与暴力依然存在。 这些都是困扰"一带一路"沿线各国治理的难题,也是"一带一路"建设成共同发展体系需要共同面对的挑战和问题。

其次,要为人类社会和区域的可持续发展贡献智慧。 全球气候变化、能源短缺、水资源危机、森林资源保护、土地荒漠化、生物多样性保护、环境严重污染,重大传染病防治、突发公共安全事件,新兴国家高速城市化、人口膨胀、资源缺乏等问题给人类社会和区域的可持续发展带来严峻挑战,需要共同面对,协调解决。 由于现存的国际体系规则或明或暗都由欧美发达国家主导,因而完全指望它们来公正地代表全球的公共利益,特别是新兴国家的利益显然是不现实的。 研究如何在参与全球治理时对发展中国家更有利,如何面对和解决这些问题,"一带一路"沿线国家具有更多的一致性和共通性,应携起手来,共同研究调整战略对策,对人类社会和区域的可持续发展有所作为,其中中国高等教育要发挥更重要的作用。

第三,要为解决以实际应用为导向的现实问题贡献智慧。 "一带一路"建设中会出现大量需要解决的各种现实问题,从宏观到微观,从文化到社会，从政策到工程，从人力资源到技术瓶颈，等等。需要开展区域与沿线各国社会发展研究，国别国情科学研判，经贸与文化交流、国际商务合作研究，人才需求调查与培养研究。开展前瞻性、针对性、储备性政策研究，对"一带一路"建设未来 5 年、15 年、50 年的发展做出科学研判、战略思考和超前谋划。加强国家之间、国家部委、相关区域政府、高等学校、产业、行业之间的合作研究，围绕决策需求，提出专业化、建设性、切实管用的政策建议。

以更加主动的姿态推动"一带一路"沿线国家教育合作发展

实施"一带一路"战略，不仅要求我们要积极对接沿线国家经济发展和区域合作规划，要求我国的高等教育对内把脉，找准适合"一带一路"战略发展的契合点和着力点。同时，也要向世界高等教育体系问诊，从世界秩序重建的高度，谋划我国高等教育在"一带一路"建设中的战略布局和行动策略，为沿线国家共建"一带一路"提供人才支撑和智力支持，促进"一带一路"沿线国家之间的经济、文化、教育的合作与交流，让沿线国家的人民共享"一带一路"的建设成果，从而实现合作共赢。这是中国作为一个负责任大国的担当，更是中国高等教育应有的行动。

要扩大来华留学教育，培养适需的境外人才

留学生教育已经成为一个国家提升国际影响力、拓展教育市场的重要工具。改革开放以来，我国高度重视来华留学教育工作，来华留学教育的规模与质量稳步提升。据《2014 年度来华留学调查报告》统

计，2014 年共有来自 203 个国家和地区的 37.7 万名各类外国留学人员在我国 31 个省区市的 775 所高等学校、科研院所和其他教学机构中学习。就来华留学生规模而言，已占全球留学生份额的 8%，成为世界第三大留学生输入国。但在国际教育市场上，与美国、澳大利亚、英国这些最大受益国相比，我国仍处于"逆差"状态。从生源上分析，亚洲来华留学生人数最多，2014 年共有 22.54 万名，几乎占整个来华留学生的 60%。近年来，东南亚国家异军突起，成为来华留学的主力；按国别排序，在来华留学生规模名列前十名的国家中，有 8 个是"一带一路"沿线国家，分别是：韩国、泰国、俄罗斯、日本、印度尼西亚、印度、巴基斯坦、哈萨克斯坦。可以看出，沿线国家来华留学的教育需求将随着"一带一路"建设项目的推进越来越大。

长期以来，我国来华留学生教育的重心是少数发达国家，一些高校认为只有招收欧美学生才能体现教育国际化的水平与实力。但从服务国家"一带一路"重大战略布局和教育的长远目标看，我们的教育要为人类命运共同体建设、为造福整个人类社会作出贡献，就必须在国家战略的引导下，扩大来华留学规模，优化来华留学结构，继续积极接受来自发达国家的留学生，重点扩大"一带一路"沿线国家来华留学生；我国政府奖学金名额要进一步扩大并向"一带一路"沿线国家倾斜，增量部分主要用于沿线国家的来华留学生，把雪中送炭的工作做实做好。

如何在满足留学生个体需求的同时，更加着眼于服务"一带一路"建设需求，提高来华留学教育质量，也是需要我们研究的一个重要问题。目前，就不同地区留学生的个体留学服务需求而言，发达国家学生更偏重语言学习；欠发达国家学生更倾向于攻读学位课程，如医学、工程等。而"一带一路"建设的合作重点"设施联通、贸易畅通、资金融通"中所涉及的学科专业在来华留学生教育中不少尚属空白。为此，国家要从战略高度，统筹规划我国高校吸纳"一带一路"沿线国家来华留学生的学科专业，集中优势资源，做强与"一带一路"重大战略密切相关的特色学科专业，吸纳他们在这些学科专业学习，使他们来华学得好，回国用得上，发挥好作用。

提高来华留学教育质量的关键是高校能够提供质量优、数量足的教育课程。为此，高校应充分利用现代信息技术，线上线下结合，开发出服务"一带一路"建设的、多种语言教授的课程体系和学位课程，以优质的教育资源和教育服务，满足国家"一带一路"建设需求，打造来华留学生教育品牌课程、品牌专业。

通过教育与产业同步、学校与企业结合，培养高素质技能人才

"一带一路"建设是一项宏大系统工程，只有在高等教育的全方位支持下，才能确保有力、有序、有效的推进。就人才培养而言，要坚持"分层分类"，既要培养通晓国际规则、承载国家使命的高端人才、青年才俊、未来领袖，同时也要培养一大批适应"一带一路"基础项目建设的高素质技能人才；要区分"一带一路"建设推进工作的轻重缓急，"先重后轻"，对那些大通道、大动脉、主航线、重要节点、关键环节所急需的技能人才要优先部署，重点培养。要以产教融合实现教育与产业同步发展，支持各类高校与我国高铁、电信运营等"走出去"的行业企业实行合作办学。目前，"一带一路"沿线的中国企业有1万多个，但企业和高校合作办学的还不多。同时，还要加大培训的灵活性、方便选择。要做到培训围着项目走，项目建在哪儿，培训做到哪儿，紧

跟并适度超前"一带一路"重大基础性建设项目，在项目建设所在国办学，把高素质技能人才培养与项目建设密切结合起来。

从人力资源构成上看，目前，沿线国家大多未出现人口老龄化现象。2013 年，"一带一路"沿线国家 15～64 岁人数占比平均为 67.5%，其中有 21 个国家的劳动力人数占全国总人口的 70%以上，劳动力资源极为充裕。而这些国家的基础设施水平在全球则位于中下程度。根据世界银行物流绩效指数中的基础设施指标统计，2013 年，"一带一路"沿线国家的平均基础设施指数为 2.7 分（全球平均水平为 2.91 分）。"一带一路"沿线国家充沛的劳动力资源、亟待开发的基础设施建设，与我国高端制造业的雄厚实力和近十年高等教育，特别是高等职业教育国际合作办学所积累的丰富经验，形成了供需十分旺盛的教育服务市场。近年来，宁波职业技术学院在贝宁建立了贝宁国际培训中心，培养培训中资企业发展所需的当地员工，带动企业所在国的经济发展；桂林旅游高等专科学校为印尼和文莱等东盟国家培训旅游人才。这些成功的经验，值得在"一带一路"战略推进中借鉴和推广。

总之，"招进来"与"走出去"协同推进，应成为"一带一路"建设人才支撑的基本路径。

有选择地在沿线国家建立境外大学和教育基地

近年来，我国高等教育质量越来越得到国际社会的认可。实施十余年的"创建世界一流大学"计划成绩显著，培养了一批拔尖创新人才，形成了一批世界一流学科，产生了一批国际领先的原创性成果，为提升我国综合国力贡献了力量。特别是在高等教育体系中"三分天下有其一"的高等工程教育，自 2006 年开始构建具有国际实质等效、与工程师制度相衔接的工程教育专业认证体系，并于 2013 年 6 月申请加入《华盛顿协议》，工程教育质量保障体系获得了国际较好认可。 目前，本科层次的工科专业布点数已达 15 733 个，基本覆盖了当前"一带一路"建设的所有重大工程项目。 因此，我国的高等教育已经具备了"走出去"在"一带一路"沿线国家建立境外大学和教育基地的良好基础。 与此同时，我们也积累了可资借鉴的经验。 目前，我国高校赴境外办学已初具规模。 经教育部批准的境外办学有厦门大学马来西亚分校、老挝苏州大学、云南财经大学曼谷商学院和北京语言大学东京学院；同时，还有 90 多个项目，涉及 14 个国家和地区，主要分布在东南亚国家；与 180 多个国家和地区建立了双边和多边教育交流合作关系，与 41 个国家和地区签署了学历学位互认协定。 而且"一带一路"沿线国家已有巴基斯坦、哈萨克斯坦、约旦等十多个国家向我国发出境外办学邀请。 可以说，在"一带一路"建设中适度增加教育投入，有步骤地开发面向"一带一路"沿线国家的教育项目，将创建境外大学或其他形式的教育机构作为重点项目予以支持，既可为"一带一路"沿线国家的经济社会发展培育人才，也可为我国在世界格局的发展中积累广泛的人脉、发现培养一批以中青年为主的"知华""亲华""友华"力量，争取有利国际舆论环境，扩大国际影响。 同时，这也是推动中国教育走向世界的战略举措，是中国睦邻、安邻、富邻，为沿线国家共谋福祉的责任担当。

提升自身的国际性，做强中国高等教育

为了满足"一带一路"建设的需要，我们要加强薄弱学科专业的建设。 比如，要加快培养非通用语种人才。 要深入研究"一带一路"建

设的语言需求，制定专门的语言发展规划，增加战略性外语人才的储备，加快培育一批既熟悉"一带一路"国家语言，又了解其国情和文化的高端人才。目前，"一带一路"沿线国家的官方语言达40余种，而我国高校能够教授的仅20种。发达国家能够教授的语言大都达到上百种，但我国进入教育部本科专业目录的外语语种还不到70种。目前，非通用语种覆盖范围不足，语种专业布局不够合理、关键国家和地区的语言人才匮乏的问题已成为制约推进"一带一路"建设的瓶颈，迫切需要我们把关键语言人才的培养上升为国家战略的一部分，抓实落细。要把我国已有的具有良好基础的若干所语言类大学和进行非通用语言教学的大学重点建设好，使它们成为语言教学的中心、文化研究和国别研究的重要基地，为"一带一路"建设培养更多的语言和文化类人才。

实施"一带一路"战略，倒逼我们以更宽阔的国际视野，全面审视和提升我国高等教育质量。我们唯有在专业、课程、教学、实践及师资等可比的核心要素方面，达到国际认同的标准且具备一流水平；培养的学生在学业水平上与发达国家的同类型、同层次的学生达到实质性等效，我们的高等教育才能在"一带一路"沿线国家乃至国际上脱颖而出，才会有吸引力和竞争力。有的学校到境外办学，更是直接在国际舞台上进行教育质量的比拼。为此，我们要把全面提高质量作为重点，提升我国高等教育的国际性，做强各类高等学校。要通过"一带一路"建设需求的倒逼机制，触动各类高校转变人才培养模式、调整专业结构、扎实推进教学改革，用国际视野审视我们的人才培养质量。

我们还要以"一带一路"建设为契机，调整高等教育结构，加大中西部地区高等教育的政策扶持力度，解决高等教育过度"东高西低"的问题，这既有利于全国高等教育的区域协调发展，又有利于和"一带一路"建设相衔接。

在推进"一带一路"建设中，要加强"一带一路"国家高校间的合作，携手应对人类共同问题，如政治、经济、文化、安全等问题的研究，提升我国参与国际教育治理能力。西安交通大学 2015 年 1 月正式成立了丝绸之路经济带研究协同创新中心，并首倡"丝绸之路学术带"概念框架，成立丝路大学联盟，在创新研究、精英培养、决策咨询、专业服务、争端解决等方面合作研究，服务于"一带一路"的建设和发展。这些工作的开展，提升了学校的学术能力，提振了学校的国际影响力，成了一个很好的案例。

"一带一路"这一跨越时空的宏伟构想，把欧亚非的国家缔结成了互利共赢的"利益共同体"和共同发展繁荣的"命运共同体"。人民期盼有更美好的生活，优质的教育正是美好生活的坚强基石。"一带一路"战略的实施与推进，赋予了我国高等教育新的使命与责任，必将推动我国高等教育事业在新的历史起点上科学发展，加快从高等教育大国向高等教育强国迈进，为世界的和平发展与人类的文明进步作出应有的贡献。

附录一

推动共建丝绸之路经济带和 21 世纪
海上丝绸之路的愿景与行动

国家发展改革委　外交部　商务部

（经国务院授权发布）

前　言

　　2 000 多年前，亚欧大陆上勤劳勇敢的人民，探索出多条连接亚欧非几大文明的贸易和人文交流通路，后人将其统称为"丝绸之路"。 千百年来，"和平合作、开放包容、互学互鉴、互利共赢"的丝绸之路精神薪火相传，推进了人类文明进步，是促进沿线各国繁荣发展的重要纽带，是东西方交流合作的象征，是世界各国共有的历史文化遗产。

　　进入 21 世纪，在以和平、发展、合作、共赢为主题的新时代，面对复苏乏力的全球经济形势，纷繁复杂的国际和地区局面，传承和弘扬丝绸之路精神更显重要和珍贵。

　　2013 年 9 月和 10 月，中国国家主席习近平在出访中亚和东南亚国家期间，先后提出共建丝绸之路经济带和"21 世纪海上丝绸之路"（以下简称"一带一路"）的重大倡议，得到国际社会高度关注。 中国国务院总理李克强参加 2013 年中国-东盟博览会时强调，铺就面向东盟的海上丝绸之路，打造带动腹地发展的战略支点。 加快"一带一路"建设，有利于促进沿线各国经济繁荣与区域经济合作，加强不同文明交流互鉴，促进世界和平发展，是一项造福世界各国人民的伟大事业。

"一带一路"建设是一项系统工程，要坚持共商、共建、共享原则，积极推进沿线国家发展战略的相互对接。为推进实施"一带一路"重大倡议，让古丝绸之路焕发新的生机活力，以新的形式使亚欧非各国联系更加紧密，互利合作迈向新的历史高度，中国政府特制定并发布《推动共建丝绸之路经济带和 21 世纪海上丝绸之路的愿景与行动》。

一、 时代背景

当今世界正发生复杂深刻的变化，国际金融危机深层次影响继续显现，世界经济缓慢复苏、发展分化，国际投资贸易格局和多边投资贸易规则酝酿深刻调整，各国面临的发展问题依然严峻。共建"一带一路"顺应世界多极化、经济全球化、文化多样化、社会信息化的潮流，秉持开放的区域合作精神，致力于维护全球自由贸易体系和开放型世界经济。共建"一带一路"旨在促进经济要素有序自由流动、资源高效配置和市场深度融合，推动沿线各国实现经济政策协调，开展更大范围、更高水平、更深层次的区域合作，共同打造开放、包容、均衡、普惠的区域经济合作架构。共建"一带一路"符合国际社会的根本利益，彰显人类社会共同理想和美好追求，是国际合作以及全球治理新模式的积极探索，将为世界和平发展增添新的正能量。

共建"一带一路"致力于亚欧非大陆及附近海洋的互联互通，建立和加强沿线各国互联互通伙伴关系，构建全方位、多层次、复合型的互联互通网络，实现沿线各国多元、自主、平衡、可持续的发展。"一带一路"的互联互通项目将推动沿线各国发展战略的对接与耦合，发掘区域内市场的潜力，促进投资和消费，创造需求和就业，增进沿线各国人民的人文交流与文明互鉴，让各国人民相逢相知、互信互敬，共享和谐、安宁、富裕的生活。

当前，中国经济和世界经济高度关联。 中国将一以贯之地坚持对外开放的基本国策，构建全方位开放新格局，深度融入世界经济体系。推进"一带一路"建设既是中国扩大和深化对外开放的需要，也是加强和亚欧非及世界各国互利合作的需要，中国愿意在力所能及的范围内承担更多责任义务，为人类和平发展作出更大的贡献。

二、 共建原则

恪守联合国宪章的宗旨和原则。 遵守和平共处五项原则，即尊重各国主权和领土完整、互不侵犯、互不干涉内政、和平共处、平等互利。

坚持开放合作。 "一带一路"相关的国家基于但不限于古代丝绸之路的范围，各国和国际、地区组织均可参与，让共建成果惠及更广泛的区域。

坚持和谐包容。 倡导文明宽容，尊重各国发展道路和模式的选择，加强不同文明之间的对话，求同存异、兼容并蓄、和平共处、共生共荣。

坚持市场运作。 遵循市场规律和国际通行规则，充分发挥市场在资源配置中的决定性作用和各类企业的主体作用，同时发挥好政府的作用。

坚持互利共赢。兼顾各方利益和关切，寻求利益契合点和合作最大公约数，体现各方智慧和创意，各施所长，各尽所能，把各方优势和潜力充分发挥出来。

三、框架思路

"一带一路"是促进共同发展、实现共同繁荣的合作共赢之路，是增进理解信任、加强全方位交流的和平友谊之路。中国政府倡议，秉持和平合作、开放包容、互学互鉴、互利共赢的理念，全方位推进务实合作，打造政治互信、经济融合、文化包容的利益共同体、命运共同体和责任共同体。

"一带一路"贯穿亚欧非大陆，一头是活跃的东亚经济圈，一头是发达的欧洲经济圈，中间广大腹地国家经济发展潜力巨大。丝绸之路经济带重点畅通中国经中亚、俄罗斯至欧洲（波罗的海）；中国经中亚、西亚至波斯湾、地中海；中国至东南亚、南亚、印度洋。21世纪海上丝绸之路重点方向是从中国沿海港口过南海到印度洋，延伸至欧洲；从中国沿海港口过南海到南太平洋。

根据"一带一路"走向，陆上依托国际大通道，以沿线中心城市为支撑，以重点经贸产业园区为合作平台，共同打造新亚欧大陆桥、中蒙俄、中国-中亚-西亚、中国-中南半岛等国际经济合作走廊；海上以重点港口为节点，共同建设通畅安全高效的运输大通道。中巴、孟中印缅两个经济走廊与推进"一带一路"建设关联紧密，要进一步推动合作，取得更大进展。

"一带一路"建设是沿线各国开放合作的宏大经济愿景，需各国携手努力，朝着互利互惠、共同安全的目标相向而行。努力实现区域基础设施更加完善，安全高效的陆海空通道网络基本形成，互联互通达到新水平；投资贸易便利化水平进一步提升，高标准自由贸易区网络基本形成，经济联系更加紧密，政治互信更加深入；人文交流更加广泛深入，不同文明互鉴共荣，各国人民相知相交、和平友好。

四、合作重点

沿线各国资源禀赋各异，经济互补性较强，彼此合作潜力和空间很大。以政策沟通、设施联通、贸易畅通、资金融通、民心相通为主要内容，重点在以下方面加强合作。

政策沟通。加强政策沟通是"一带一路"建设的重要保障。加强政府间合作，积极构建多层次政府间宏观政策沟通交流机制，深化利益融合，促进政治互信，达成合作新共识。沿线各国可以就经济发展战略和对策进行充分交流对接，共同制定推进区域合作的规划和措施，协商解决合作中的问题，共同为务实合作及大型项目实施提供政策支持。

设施联通。基础设施互联互通是"一带一路"建设的优先领域。在尊重相关国家主权和安全关切的基础上，沿线国家宜加强基础设施建设规划、技术标准体系的对接，共同推进国际骨干通道建设，逐步形成连接亚洲各次区域以及亚欧非之间的基础设施网络。强化基础设施绿色低碳化建设和运营管理，在建设中充分考虑气候变化影响。

抓住交通基础设施的关键通道、关键节点和重点工程，优先打通缺失路段，畅通瓶颈路段，配套完善道路安全防护设施和交通管理设施设备，提升道路通达水平。推进建立统一的全程运输协调机制，促进国际通关、换装、多式联运有机衔接，逐步形成兼容规范的运输规则，实现国际运输便利化。 推动口岸基础设施建设，畅通陆水联运通道，推进港口合作建设，增加海上航线和班次，加强海上物流信息化合作。拓展建立民航全面合作的平台和机制，加快提升航空基础设施水平。

加强能源基础设施互联互通合作，共同维护输油、输气管道等运输通道安全，推进跨境电力与输电通道建设，积极开展区域电网升级改造合作。

共同推进跨境光缆等通信干线网络建设，提高国际通信互联互通水平，畅通信息丝绸之路。 加快推进双边跨境光缆等建设，规划建设洲际海底光缆项目，完善空中（卫星）信息通道，扩大信息交流与合作。

贸易畅通。 投资贸易合作是"一带一路"建设的重点内容。 宜着力研究解决投资贸易便利化问题，消除投资和贸易壁垒，构建区域内和各国良好的营商环境，积极同沿线国家和地区共同商建自由贸易区，激发释放合作潜力，做大做好合作"蛋糕"。

沿线国家宜加强信息互换、监管互认、执法互助的海关合作，以及检验检疫、认证认可、标准计量、统计信息等方面的双多边合作，推动世界贸易组织《贸易便利化协定》生效和实施。 改善边境口岸通关设施条件，加快边境口岸"单一窗口"建设，降低通关成本，提升通关能力。 加强供应链安全与便利化合作，推进跨境监管程序协调，推动检验检疫证书国际互联网核查，开展"经认证的经营者"（AEO）互认。降低非关税壁垒，共同提高技术性贸易措施透明度，提高贸易自由化便利化水平。

拓宽贸易领域，优化贸易结构，挖掘贸易新增长点，促进贸易平衡。 创新贸易方式，发展跨境电子商务等新的商业业态。 建立健全服务贸易促进体系，巩固和扩大传统贸易，大力发展现代服务贸易。 把投资和贸易有机结合起来，以投资带动贸易发展。

加快投资便利化进程，消除投资壁垒。 加强双边投资保护协定、避免双重征税协定磋商，保护投资者的合法权益。

拓展相互投资领域，开展农林牧渔业、农机及农产品生产加工等领域深度合作，积极推进海水养殖、远洋渔业、水产品加工、海水淡化、海洋生物制药、海洋工程技术、环保产业和海上旅游等领域合作。 加大煤炭、油气、金属矿产等传统能源资源勘探开发合作，积极推动水电、核电、风电、太阳能等清洁、可再生能源合作，推进能源资源就地就近加工转化合作，形成能源资源合作上下游一体化产业链。 加强能源资源深加工技术、装备与工程服务合作。

推动新兴产业合作，按照优势互补、互利共赢的原则，促进沿线国家加强在新一代信息技术、生物、新能源、新材料等新兴产业领域的深入合作，推动建立创业投资合作机制。

优化产业链分工布局，推动上下游产业链和关联产业协同发展，鼓励建立研发、生产和营销体系，提升区域产业配套能力和综合竞争力。扩大服务业相互开放，推动区域服务业加快发展。 探索投资合作新模式，鼓励合作建设境外经贸合作区、跨境经济合作区等各类产业园区，促进产业集群发展。 在投资贸易中突出生态文明理念，加强生态环境、生物多样性和应对气候变化合作，共建绿色丝绸之路。

中国欢迎各国企业来华投资。 鼓励本国企业参与沿线国家基础设施建设和产业投资。 促进企业按属地化原则经营管理，积极帮助当地发展经济、增加就业、改善民生，主动承担社会责任，严格保护生物多样性和生态环境。

资金融通。 资金融通是"一带一路"建设的重要支撑。 深化金融合作，推进亚洲货币稳定体系、投融资体系和信用体系建设。 扩大沿线国家双边本币互换、结算的范围和规模。 推动亚洲债券市场的开放和发展。 共同推进亚洲基础设施投资银行、金砖国家开发银行筹建，有关各方就建立上海合作组织融资机构开展磋商。 加快丝路基金组建运营。 深化中国-东盟银行联合体、上合组织银行联合体务实合作，以银团贷款、银行授信等方式开展多边金融合作。 支持沿线国家政府和信用等级较高的企业以及金融机构在中国境内发行人民币债券。 符合条件的中国境内金融机构和企业可以在境外发行人民币债券和外币债券，鼓励在沿线国家使用所筹资金。

加强金融监管合作，推动签署双边监管合作谅解备忘录，逐步在区域内建立高效监管协调机制。 完善风险应对和危机处置制度安排，构建区域性金融风险预警系统，形成应对跨境风险和危机处置的交流合作机制。 加强征信管理部门、征信机构和评级机构之间的跨境交流与合作。 充分发挥丝路基金以及各国主权基金作用，引导商业性股权投资基金和社会资金共同参与"一带一路"重点项目建设。

民心相通。 民心相通是"一带一路"建设的社会根基。 传承和弘扬丝绸之路友好合作精神，广泛开展文化交流、学术往来、人才交流合作、媒体合作、青年和妇女交往、志愿者服务等，为深化双多边合作奠定坚实的民意基础。

扩大相互间留学生规模，开展合作办学，中国每年向沿线国家提供1万个政府奖学金名额。 沿线国家间互办文化年、艺术节、电影节、电视周和图书展等活动，合作开展广播影视剧精品创作及翻译，联合申请世界文化遗产，共同开展世界遗产的联合保护工作。 深化沿线国家间人才交流合作。

加强旅游合作，扩大旅游规模，互办旅游推广周、宣传月等活动，联合打造具有丝绸之路特色的国际精品旅游线路和旅游产品，提高沿线各国游客签证便利化水平。 推动 21 世纪海上丝绸之路邮轮旅游合作。积极开展体育交流活动，支持沿线国家申办重大国际体育赛事。

强化与周边国家在传染病疫情信息沟通、防治技术交流、专业人才培养等方面的合作，提高合作处理突发公共卫生事件的能力。 为有关国家提供医疗援助和应急医疗救助，在妇幼健康、残疾人康复以及艾滋病、结核、疟疾等主要传染病领域开展务实合作，扩大在传统医药领域的合作。

加强科技合作，共建联合实验室（研究中心）、国际技术转移中心、海上合作中心，促进科技人员交流，合作开展重大科技攻关，共同提升科技创新能力。

整合现有资源，积极开拓和推进与沿线国家在青年就业、创业培训、职业技能开发、社会保障管理服务、公共行政管理等共同关心领域的务实合作。

充分发挥政党、议会交往的桥梁作用，加强沿线国家之间立法机构、主要党派和政治组织的友好往来。 开展城市交流合作，欢迎沿线国家重要城市之间互结友好城市，以人文交流为重点，突出务实合作，形成更多鲜活的合作范例。 欢迎沿线国家智库之间开展联合研究、合作举办论坛等。

加强沿线国家民间组织的交流合作，重点面向基层民众，广泛开展教育医疗、减贫开发、生物多样性和生态环保等各类公益慈善活动，促进沿线贫困地区生产生活条件改善。 加强文化传媒的国际交流合作，积极利用网络平台，运用新媒体工具，塑造和谐友好的文化生态和舆论环境。

五、合作机制

当前，世界经济融合加速发展，区域合作方兴未艾。积极利用现有双多边合作机制，推动"一带一路"建设，促进区域合作蓬勃发展。

加强双边合作，开展多层次、多渠道沟通磋商，推动双边关系全面发展。推动签署合作备忘录或合作规划，建设一批双边合作示范。建立完善双边联合工作机制，研究推进"一带一路"建设的实施方案、行动路线图。充分发挥现有联委会、混委会、协委会、指导委员会、管理委员会等双边机制作用，协调推动合作项目实施。

强化多边合作机制作用，发挥上海合作组织（SCO）、中国-东盟"10＋1"、亚太经合组织（APEC）、亚欧会议（ASEM）、亚洲合作对话（ACD）、亚信会议（CICA）、中阿合作论坛、中国-海合会战略对话、大湄公河次区域（GMS）经济合作、中亚区域经济合作（CAREC）等现有多边合作机制作用，相关国家加强沟通，让更多国家和地区参与"一带一路"建设。

继续发挥沿线各国区域、次区域相关国际论坛、展会以及博鳌亚洲论坛、中国-东盟博览会、中国-亚欧博览会、欧亚经济论坛、中国国际投资贸易洽谈会，以及中国-南亚博览会、中国-阿拉伯博览会、中国西部国际博览会、中国-俄罗斯博览会、前海合作论坛等平台的建设性作用。支持沿线国家地方、民间挖掘"一带一路"历史文化遗产，联合举办专项投资、贸易、文化交流活动，办好丝绸之路（敦煌）国际文化博览会、丝绸之路国际电影节和图书展。倡议建立"一带一路"国际高峰论坛。

六、 中国各地方开放态势

推进"一带一路"建设，中国将充分发挥国内各地区比较优势，实行更加积极主动的开放战略，加强东中西互动合作，全面提升开放型经济水平。

西北、东北地区。 发挥新疆独特的区位优势和向西开放重要窗口作用，深化与中亚、南亚、西亚等国家交流合作，形成丝绸之路经济带上重要的交通枢纽、商贸物流和文化科教中心，打造丝绸之路经济带核心区。 发挥陕西、甘肃综合经济文化和宁夏、青海民族人文优势，打造西安内陆型改革开放新高地，加快兰州、西宁开发开放，推进宁夏内陆开放型经济试验区建设，形成面向中亚、南亚、西亚国家的通道、商贸物流枢纽、重要产业和人文交流基地。 发挥内蒙古联通俄蒙的区位优势，完善黑龙江对俄铁路通道和区域铁路网，以及黑龙江、吉林、辽宁与俄远东地区陆海联运合作，推进构建北京-莫斯科欧亚高速运输走廊，建设向北开放的重要窗口。

西南地区。 发挥广西与东盟国家陆海相邻的独特优势，加快北部湾经济区和珠江-西江经济带开放发展，构建面向东盟区域的国际通道，打造西南、中南地区开放发展新的战略支点，形成 21 世纪海上丝绸之路与丝绸之路经济带有机衔接的重要门户。 发挥云南区位优势，推进与周边国家的国际运输通道建设，打造大湄公河次区域经济合作新高地，建设成为面向南亚、东南亚的辐射中心。 推进西藏与尼泊尔等国家边境贸易和旅游文化合作。

沿海和港澳台地区。利用长三角、珠三角、海峡西岸、环渤海等经济区开放程度高、经济实力强、辐射带动作用大的优势，加快推进中国（上海）自由贸易试验区建设，支持福建建设 21 世纪海上丝绸之路核心区。充分发挥深圳前海、广州南沙、珠海横琴、福建平潭等开放合作区作用，深化与港澳台合作，打造粤港澳大湾区。推进浙江海洋经济发展示范区、福建海峡蓝色经济试验区和舟山群岛新区建设，加大海南国际旅游岛开发开放力度。加强上海、天津、宁波-舟山、广州、深圳、湛江、汕头、青岛、烟台、大连、福州、厦门、泉州、海口、三亚等沿海城市港口建设，强化上海、广州等国际枢纽机场功能。以扩大开放倒逼深层次改革，创新开放型经济体制机制，加大科技创新力度，形成参与和引领国际合作竞争新优势，成为"一带一路"特别是 21 世纪海上丝绸之路建设的排头兵和主力军。发挥海外侨胞以及香港、澳门特别行政区独特优势作用，积极参与和助力"一带一路"建设。为台湾地区参与"一带一路"建设作出妥善安排。

内陆地区。利用内陆纵深广阔、人力资源丰富、产业基础较好优势，依托长江中游城市群、成渝城市群、中原城市群、呼包鄂榆城市群、哈长城市群等重点区域，推动区域互动合作和产业集聚发展，打造重庆西部开发开放重要支撑和成都、郑州、武汉、长沙、南昌、合肥等内陆开放型经济高地。加快推动长江中上游地区和俄罗斯伏尔加河沿岸联邦区的合作。建立中欧通道铁路运输、口岸通关协调机制，打造"中欧班列"品牌，建设沟通境内外、连接东中西的运输通道。支持郑州、西安等内陆城市建设航空港、国际陆港，加强内陆口岸与沿海、沿边口岸通关合作，开展跨境贸易电子商务服务试点。优化海关特殊监管区域布局，创新加工贸易模式，深化与沿线国家的产业合作。

七、 中国积极行动

一年多来，中国政府积极推动"一带一路"建设，加强与沿线国家的沟通磋商，推动与沿线国家的务实合作，实施了一系列政策措施，努力收获早期成果。

高层引领推动。 习近平主席、李克强总理等国家领导人先后出访 20 多个国家，出席加强互联互通伙伴关系对话会、中阿合作论坛第六届部长级会议，就双边关系和地区发展问题，多次与有关国家元首和政府首脑进行会晤，深入阐释"一带一路"的深刻内涵和积极意义，就共建"一带一路"达成广泛共识。

签署合作框架。 与部分国家签署了共建"一带一路"合作备忘录，与一些毗邻国家签署了地区合作和边境合作的备忘录以及经贸合作中长期发展规划。 研究编制与一些毗邻国家的地区合作规划纲要。

推动项目建设。 加强与沿线有关国家的沟通磋商，在基础设施互联互通、产业投资、资源开发、经贸合作、金融合作、人文交流、生态保护、海上合作等领域，推进了一批条件成熟的重点合作项目。

完善政策措施。 中国政府统筹国内各种资源，强化政策支持。 推动亚洲基础设施投资银行筹建，发起设立丝路基金，强化中国-欧亚经济合作基金投资功能。 推动银行卡清算机构开展跨境清算业务和支付机构开展跨境支付业务。 积极推进投资贸易便利化，推进区域通关一体化改革。

发挥平台作用。 各地成功举办了一系列以"一带一路"为主题的国际峰会、论坛、研讨会、博览会，对增进理解、凝聚共识、深化合作发挥了重要作用。

八、 共创美好未来

共建"一带一路"是中国的倡议，也是中国与沿线国家的共同愿望。 站在新的起点上，中国愿与沿线国家一道，以共建"一带一路"为契机，平等协商，兼顾各方利益，反映各方诉求，携手推动更大范围、更高水平、更深层次的大开放、大交流、大融合。 "一带一路"建设是开放的、包容的，欢迎世界各国和国际、地区组织积极参与。

共建"一带一路"的途径是以目标协调、政策沟通为主，不刻意追求一致性，可高度灵活，富有弹性，是多元开放的合作进程。 中国愿与沿线国家一道，不断充实完善"一带一路"的合作内容和方式，共同制定时间表、路线图，积极对接沿线国家发展和区域合作规划。

中国愿与沿线国家一道，在既有双多边和区域次区域合作机制框架下，通过合作研究、论坛展会、人员培训、交流访问等多种形式，促进沿线国家对共建"一带一路"内涵、目标、任务等方面的进一步理解和认同。

中国愿与沿线国家一道，稳步推进示范项目建设，共同确定一批能够照顾双多边利益的项目，对各方认可、条件成熟的项目抓紧启动实施，争取早日开花结果。

"一带一路"是一条互尊互信之路，一条合作共赢之路，一条文明互鉴之路。 只要沿线各国和衷共济、相向而行，就一定能够谱写建设丝绸之路经济带和 21 世纪海上丝绸之路的新篇章，让沿线各国人民共享"一带一路"共建成果。

附录二

弘扬人民友谊　共创美好未来
——在纳扎尔巴耶夫大学的演讲

(2013 年 9 月 7 日，阿斯塔纳)

中华人民共和国主席　习近平

尊敬的纳扎尔巴耶夫总统，

尊敬的校长先生，

各位老师，各位同学，

女士们，先生们，朋友们：

大家好！这次，我应纳扎尔巴耶夫总统邀请，来到伟大邻邦哈萨克斯坦进行国事访问。有机会来到纳扎尔巴耶夫大学，并同大家见面，感到十分高兴。

首先，我向友好的哈萨克斯坦人民，向纳扎尔巴耶夫大学的老师们、同学们，向今天在座的各位朋友，转达中国人民的诚挚问候和良好祝愿。

哈萨克民族有一句谚语："一片土地的历史，就是在她之上的人民的历史。"哈萨克斯坦独立以来，在纳扎尔巴耶夫总统领导下，政治长期稳定，经济快速发展，民生大幅改善，国际影响力显著提升。

我们所在的阿斯塔纳市，在短短十几年间发展成为一座美丽现代化城市，就是哈萨克斯坦人民在这片神奇土地上书写的一个优美诗篇。在这里，我看到了哈萨克斯坦人民勤劳智慧的奋斗，也看到了哈萨克斯坦人民充满光明的未来。

女士们、先生们、朋友们！

2100 多年前，中国汉代的张骞肩负和平友好使命，两次出使中亚，开启了中国同中亚各国友好交往的大门，开辟出一条横贯东西、连接欧亚的丝绸之路。

我的家乡陕西，就位于古丝绸之路的起点。站在这里，回首历史，我仿佛听到了山间回荡的声声驼铃，看到了大漠飘飞的袅袅孤烟。这一切，让我感到十分亲切。

哈萨克斯坦这片土地，是古丝绸之路经过的地方，曾经为沟通东西方文明，促进不同民族、不同文化相互交流和合作作出过重要贡献。东西方使节、商队、游客、学者、工匠川流不息，沿途各国互通有无、互学互鉴，共同推动了人类文明进步。

古丝绸之路上的古城阿拉木图有一条冼星海大道，人们传诵着这样一个故事。1941 年伟大卫国战争爆发，中国著名音乐家冼星海辗转来到阿拉木图。在举目无亲、贫病交加之际，哈萨克音乐家拜卡达莫夫接纳了他，为他提供了一个温暖的家。

在阿拉木图，冼星海创作了《民族解放》、《神圣之战》、《满江红》等著名音乐作品，并根据哈萨克民族英雄阿曼盖尔德的事迹创作出交响诗《阿曼盖尔德》，激励人们为抗击法西斯而战，受到当地人民广泛欢迎。

千百年来，在这条古老的丝绸之路上，各国人民共同谱写出千古传诵的友好篇章。两千多年的交往历史证明，只要坚持团结互信、平等互利、包容互鉴、合作共赢，不同种族、不同信仰、不同文化背景的国家完全可以共享和平，共同发展。这是古丝绸之路留给我们的宝贵启示。

女士们、先生们、朋友们!

20多年来,随着中国同欧亚国家关系快速发展,古老的丝绸之路日益焕发出新的生机活力,以新的形式把中国同欧亚国家的互利合作不断推向新的历史高度。

远亲不如近邻。中国同中亚国家是山水相连的友好邻邦。中国高度重视发展同中亚各国的友好合作关系,将其视为外交优先方向。

当前,中国同中亚国家关系发展面临难得机遇。我们希望同中亚国家一道,不断增进互信、巩固友好、加强合作,促进共同发展繁荣,为各国人民谋福祉。

——我们要坚持世代友好,做和谐和睦的好邻居。中国坚持走和平发展道路,坚定奉行独立自主的和平外交政策。我们尊重各国人民自主选择的发展道路和奉行的内外政策,决不干涉中亚国家内政。中国不谋求地区事务主导权,不经营势力范围。我们愿同俄罗斯和中亚各国加强沟通和协调,共同为建设和谐地区作出不懈努力。

——我们要坚定相互支持,做真诚互信的好朋友。在涉及国家主权、领土完整、安全稳定等重大核心利益问题上坚定相互支持,是中国同中亚各国战略伙伴关系的实质和重要内容。我们愿同各国在双边和上海合作组织框架内加强互信、深化合作,合力打击"三股势力"、贩毒、跨国有组织犯罪,为地区经济发展和人民安居乐业创造良好环境。

——我们要大力加强务实合作,做互利共赢的好伙伴。中国和中亚国家都处在关键发展阶段,面对前所未有的机遇和挑战。我们都提出了符合本国国情的中长期发展目标。我们的战略目标是一致的,那就是确保经济长期稳定发展,实现国家繁荣富强和民族振兴。我们要全面加强务实合作，将政治关系优势、地缘毗邻优势、经济互补优势转化为务实合作优势、持续增长优势，打造互利共赢的利益共同体。

——我们要以更宽的胸襟、更广的视野拓展区域合作，共创新的辉煌。当前，世界经济融合加速发展，区域合作方兴未艾。欧亚地区已经建立起多个区域合作组织。欧亚经济共同体和上海合作组织成员国、观察员国地跨欧亚、南亚、西亚，通过加强上海合作组织同欧亚经济共同体合作，我们可以获得更大发展空间。

女士们、先生们、朋友们！

为了使我们欧亚各国经济联系更加紧密、相互合作更加深入、发展空间更加广阔，我们可以用创新的合作模式，共同建设丝绸之路经济带。这是一项造福沿途各国人民的大事业。我们可从以下几个方面先做起来，以点带面，从线到片，逐步形成区域大合作。

第一，加强政策沟通。各国可以就经济发展战略和对策进行充分交流，本着求同存异原则，协商制定推进区域合作的规划和措施，在政策和法律上为区域经济融合"开绿灯"。

第二，加强道路联通。上海合作组织正在协商交通便利化协定。尽快签署并落实这一文件，将打通从太平洋到波罗的海的运输大通道。在此基础上，我们愿同各方积极探讨完善跨境交通基础设施，逐步形成连接东亚、西亚、南亚的交通运输网络，为各国经济发展和人员往来提供便利。

第三，加强贸易畅通。丝绸之路经济带总人口近 30 亿，市场规模和潜力独一无二。各国在贸易和投资领域合作潜力巨大。各方应该就贸易和投资便利化问题进行探讨并作出适当安排，消除贸易壁垒，降低贸易和投资成本，提高区域经济循环速度和质量，实现互利共赢。

第四，加强货币流通。中国和俄罗斯等国在本币结算方面开展了良好合作，取得了可喜成果，也积累了丰富经验。这一好的做法有必要加以推广。如果各国在经常项下和资本项下实现本币兑换和结算，就可以大大降低流通成本，增强抵御金融风险能力，提高本地区经济国际竞争力。

第五，加强民心相通。国之交在于民相亲。搞好上述领域合作，必须得到各国人民支持，必须加强人民友好往来，增进相互了解和传统友谊，为开展区域合作奠定坚实民意基础和社会基础。

各位老师、各位同学！

青年是民族的未来。哈萨克斯坦伟大诗人、思想家阿拜·库南巴耶夫说过："世界有如海洋，时代有如劲风，前浪如兄长，后浪是兄弟，风拥后浪推前浪，亘古及今皆如此。"看着同学们朝气蓬勃的精神面貌，我不由想起了我的大学时代，那是一个令人难忘的青春记忆。

哈萨克斯坦人民常讲："有知识，世界一片光明；没知识，眼前一片混沌。"知识就是力量。青年时代是学习知识、陶冶情操、增长本领的黄金时期。我相信，从这里走出的莘莘学子，一定能成为哈萨克斯坦民族振兴的栋梁。

为促进上海合作组织框架内青年交流，中国将在未来 10 年向上海合作组织成员国提供 3 万个政府奖学金名额，邀请 1 万名孔子学院师生赴华研修。希望你们利用上述奖学金到中国学习交流。

在此，我邀请贵校 200 名师生明年赴华参加夏令营活动。

女士们、先生们、朋友们！

青年是人民友谊的生力军。青年人情趣相近、意气相投，最谈得来，最容易结下纯真的友谊。这里，我想起了中哈两国人民交往的两个感人故事。

第一个是，上世纪 40 年代末，一位在新疆工作的中国小伙儿认识了在当地医院工作的美丽姑娘瓦莲金娜，两人真心相爱并结婚生子。后来，由于一些客观原因，瓦莲金娜回国了，当时他们的儿子才 6 岁。这个孩子长大后，不断寻找自己的母亲，想尽了各种办法，始终没有音讯。 2009 年，儿子终于找到了自己的母亲瓦莲金娜，他的母亲就住在阿拉木图。 这一年，儿子 61 岁，瓦莲金娜 80 岁。 后来，儿子来到阿拉木图看望母亲，还把母亲接到中国旅游。 这迟到了半个世纪的幸福，是中哈人民友好的有力见证。

第二个是，RH 阴性血型在中国属于十分稀有的血型，被称为"熊猫血"。 这种血型的病人很难找到血源。 哈萨克斯坦留学生鲁斯兰正是这种血型。 在海南大学读书期间，鲁斯兰自 2009 年起参加无偿献血，每年两次，为一些中国病人解除病痛作出了贡献。 当中国朋友称赞鲁斯兰时，鲁斯兰说："我觉得应该帮助别人，献血是我应该做的。"

这两个感人故事，只是中哈两国人民友好交往史诗中的两个片断，但充分说明了我们两国人民是心心相印、亲如手足的。

我相信，包括在座各位同学在内的中哈两国青年，一定会成为中哈友谊的使者，为中哈全面战略伙伴关系发展贡献青春和力量。

女士们、先生们、朋友们！

中哈两国是唇齿相依的友好邻邦。 1700 多公里的共同边界、两千多年的交往历史、广泛的共同利益，把我们紧密联系在一起，也为发展两国关系和深化互利合作开辟了广阔前景。 让我们携起手来，弘扬传统友谊，共创美好未来！

谢谢大家！

附录三

携手建设中国—东盟命运共同体
——在印度尼西亚国会的演讲

(2013 年 10 月 3 日，雅加达)

中华人民共和国主席　习近平

尊敬的印尼国会马祖基议长及各位副议长，

尊敬的印尼人协西达尔托主席及各位副主席，

尊敬的印尼地方代表理事会伊尔曼主席及各位副主席，

各位议员朋友，

各位部长先生，

女士们，先生们，朋友们：

阿巴嘎坝！大家好！今天，有机会来到印度尼西亚国会，同各位朋友见面，感到十分高兴。

我是应苏西洛总统的邀请，对素有"千岛之国"美称的印度尼西亚进行访问。这是我这次东南亚之行的第一站，是传承友好关系之旅，也是规划合作之旅。

首先，我谨代表中国政府和人民，并以我个人的名义，向在座各位朋友，向兄弟的印度尼西亚人民，致以诚挚的问候和良好的祝愿！

20 年前，我曾访问过贵国，亲身体验了印度尼西亚发展情况以及丰富多彩的自然和文化。20 年弹指一挥间，但那时的场景仿佛就发生在昨天，依然历历在目。再次踏上这片美丽的土地，我更加深切地感受到两国关系的旺盛活力，更加深切地体会到两国人民的深情厚谊。

近年来，在苏西洛总统领导下，印度尼西亚人民团结一心、奋发努力，开创出经济发展、社会稳定、国力蒸蒸日上的良好局面。我衷心祝愿印度尼西亚人民依靠自己的勤劳和智慧，不断创造更加美好的未来。

女士们、先生们、朋友们！

中国和印度尼西亚隔海相望，两国友好关系的历史源远流长，在长期交往的过程中，两国人民共同谱写了一曲曲交流交融的华彩乐章。正如在中国家喻户晓的印度尼西亚民歌《美丽的梭罗河》所描述的那样："你的源泉来自梭罗，万重山送你一路前往，滚滚的波涛流向远方，一直流入海洋。"中国和印尼关系发展，如同美丽的梭罗河一样，越过重重山峦奔流向海，走过了很不平凡的历程。

早在2000多年前的中国汉代，两国人民就克服大海的阻隔，打开了往来的大门。15世纪初，中国明代著名航海家郑和七次远洋航海，每次都到访印尼群岛，足迹遍及爪哇、苏门答腊、加里曼丹等地，留下了两国人民友好交往的历史佳话，许多都传诵至今。

几百年来，遥远浩瀚的大海没有成为两国人民交往的阻碍，反而成为连接两国人民的友好纽带。满载着两国商品和旅客的船队往来其间，互通有无，传递情谊。中国古典名著《红楼梦》对来自爪哇的奇珍异宝有着形象描述，而印度尼西亚国家博物馆则陈列了大量中国古代瓷器，这是两国人民友好交往的生动例证，是对"海内存知己，天涯若比邻"的真实诠释。

在上世纪争取民族独立和解放的历史进程中，两国人民始终相互同情、相互支持。新中国成立后，印度尼西亚是最早同中国建交的国家之一。1955年，中国和印尼两国同其他亚非国家携手合作，在万隆会议上共同倡导了以和平共处、求同存异为核心的万隆精神。 万隆精神至今仍是国与国相处的重要准则，为推动建设新型国际关系作出了不可磨灭的历史贡献。 中国和印尼两国 1990 年实现复交、2005 年建立战略伙伴关系，两国关系由此进入新的发展时期。

女士们、先生们、朋友们！

这次访问期间，我同苏西洛总统共同宣布将中国和印尼关系提升为全面战略伙伴关系，为的是让两国关系继往开来、全面深入发展。

现在，我们两国互信不断加深，双边关系政治基础更加牢固。 两国务实合作领域更加广泛，既有经贸、金融、基础设施、能源资源、制造业等传统领域，还拓展到航天、海上等新兴领域，可谓"上天"、"入海"，给两国人民带来了实实在在的利益。

中国和印尼共同建设的泗水—马都拉大桥，是目前东南亚最长的跨海大桥，即将合作完成的加蒂格迪大坝灌溉面积达 9 万公顷，将给当地民众生产生活带来极大便利。 中国和印尼在重大国际和地区事务中的合作不断加强，两国关系越来越具有地区和全球影响，对推动国际政治经济秩序更加公正合理具有积极意义。

这些都堪称新时期中国和印尼友好关系的重要标志。

印度尼西亚人民常讲："金钱易得，朋友难求。"我们两国人民的真挚情谊，就是这种千金难求的宝贵财富。

2004 年 12 月 26 日，平静的印度洋骤然发生 9 级强震，并引发了大规模海啸，印度尼西亚亚齐省遭受重大生命财产损失，世界为之震惊。 海啸发生后，中国政府立即启动应急机制，当天就宣布向包括印尼在内的受灾国提供援助，开展了新中国成立以来最大规模的一次对外救援行动。 在中国，从工厂到机场，救援物资一路绿灯，一架架飞机满载着中国人民的爱心飞往亚齐等灾区。 中国国际救援队是第一支抵达亚齐的国际救援队，他们在短短 13 天里救治了 1 万多名受灾群众。 当地群众见到他们，不少人学会了用汉语说："中国，北京，我爱你。"

中国民众也自发以各种方式对印尼灾区人民表达慰问、提供捐助。杭州市有一位老人，自身家境并不富裕，老伴患病长期住院，他本人也刚做完手术，但为了让印尼灾区孩子继续读书，他捐出了辛苦积攒下来的 1000 元人民币。 钱虽不多，但充分体现了中国人民对印尼人民的一片深情厚谊。

同样，在中国人民遇到严重自然灾害时，印尼人民也向中国人民伸出了援助之手。 2008 年 5 月 12 日，中国汶川发生特大地震，灾区人民急需救援。 印尼第一时间向中国人民伸出了援手，派出医疗队赶赴灾区。 印尼医疗队抵达灾区后，不顾灾后余震的危险，夜以继日工作，诊治了 260 名灾民，为 844 名居民和 120 名学生提供了义诊。 印尼医疗队队员在回国前把身上所有钱物全部捐给了灾区。 印尼人民也自发为汶川地震灾区捐款捐物，有的专程来到中国驻印尼大使馆，表达他们的祈愿和祝福。 印尼民众的举动让中国人民深受感动。

这样的故事，在两国人民友好交往中数不胜数，充分印证了中国和印尼都有的一句成语，叫"患难与共"。

女士们、先生们、朋友们！

中国和东盟国家山水相连、血脉相亲。 今年是中国和东盟建立战略伙伴关系 10 周年，中国和东盟关系正站在新的历史起点上。

中方高度重视印尼在东盟的地位和影响，愿同印尼和其他东盟国家共同努力，使双方成为兴衰相伴、安危与共、同舟共济的好邻居、好朋友、好伙伴，携手建设更为紧密的中国—东盟命运共同体，为双方和本地区人民带来更多福祉。

为此，我们要着重从以下几个方面作出努力。

第一，坚持讲信修睦。 人与人交往在于言而有信，国与国相处讲究诚信为本。 中国愿同东盟国家真诚相待、友好相处，不断巩固政治和战略互信。

世界上没有放之四海而皆准的发展模式，也没有一成不变的发展道路。 中国和东盟国家人民勇于变革创新，不断开拓进取，探索和开辟顺应时代潮流、符合自身实际的发展道路，为经济社会发展打开了广阔前景。

我们应该尊重彼此自主选择社会制度和发展道路的权利，尊重各自推动经济社会发展、改善人民生活的探索和实践，坚定对对方战略走向的信心，在对方重大关切问题上相互支持，牢牢把握中国—东盟战略合作的大方向。

中国愿同东盟国家商谈缔结睦邻友好合作条约，共同绘就睦邻友好的美好蓝图。 中国将一如既往支持东盟发展壮大，支持东盟共同体建设，支持东盟在区域合作中发挥主导作用。

第二，坚持合作共赢。 "计利当计天下利。"中国愿在平等互利的基础上，扩大对东盟国家开放，使自身发展更好惠及东盟国家。 中国愿提高中国—东盟自由贸易区水平，争取使 2020 年双方贸易额达到 1 万亿美元。

中国致力于加强同东盟国家的互联互通建设。 中国倡议筹建亚洲基础设施投资银行，愿支持本地区发展中国家包括东盟国家开展基础设施互联互通建设。

东南亚地区自古以来就是海上丝绸之路的重要枢纽，中国愿同东盟国家加强海上合作，使用好中国政府设立的中国—东盟海上合作基金，发展好海洋合作伙伴关系，共同建设 21 世纪海上丝绸之路。 中国愿通过扩大同东盟国家各领域务实合作，互通有无、优势互补，同东盟国家共享机遇、共迎挑战，实现共同发展、共同繁荣。

第三，坚持守望相助。 中国和东盟国家唇齿相依，肩负着共同维护地区和平稳定的责任。 历史上，中国和东盟国家人民在掌握民族命运的斗争中曾经并肩战斗、风雨同舟。 近年来，从应对亚洲金融危机到应对国际金融危机，从抗击印度洋海啸到抗击中国汶川特大地震灾害，我们各国人民肩并着肩、手挽着手，形成了强大合力。

我们应该摒弃冷战思维，积极倡导综合安全、共同安全、合作安全的新理念，共同维护本地区和平稳定。 我们应该深化在防灾救灾、网络安全、打击跨国犯罪、联合执法等方面的合作，为本地区人民营造更加和平、更加安宁、更加温馨的地区家园。

中国愿同东盟国家进一步完善中国—东盟防长会议机制，就地区安全问题定期举行对话。

对中国和一些东南亚国家在领土主权和海洋权益方面存在的分歧和争议，双方要始终坚持以和平方式，通过平等对话和友好协商妥善处理，维护双方关系和地区稳定大局。

第四，坚持心心相印。 "合抱之木，生于毫末；九层之台，起于累土"。 保持中国—东盟友谊之树长青，必须夯实双方关系的社会土壤。去年，中国和东盟国家人员往来达 1500 万人次，每周有 1000 多个航班往返于中国和东盟国家之间。 交往多了，感情深了，心与心才能贴得更近。

我们要促进青年、智库、议会、非政府组织、社会团体等的友好交流，为中国—东盟关系发展提供更多智力支撑，增进人民了解和友谊。中国愿向东盟派出更多志愿者，支持东盟国家文化、教育、卫生、医疗等领域事业发展。 中国倡议将 2014 年确定为中国—东盟文化交流年。今后 3 到 5 年，中国将向东盟国家提供 1.5 万个政府奖学金名额。

第五，坚持开放包容。"海纳百川，有容乃大。"在漫长历史进程中，中国和东盟国家人民创造了丰富多彩、享誉世界的辉煌文明。 这里是充满多样性的区域，各种文明在相互影响中融合演进，为中国和东盟国家人民相互学习、相互借鉴、相互促进提供了重要文化基础。

我们要积极借鉴其他地区发展经验，欢迎域外国家为本地区发展稳定发挥建设性作用。 同时，域外国家也应该尊重本地区的多样性，多做有利于本地区发展稳定的事情。 中国—东盟命运共同体和东盟共同体、东亚共同体息息相关，应发挥各自优势，实现多元共生、包容共进，共同造福于本地区人民和世界各国人民。

一个更加紧密的中国—东盟命运共同体，符合求和平、谋发展、促合作、图共赢的时代潮流，符合亚洲和世界各国人民共同利益，具有广阔发展空间和巨大发展潜力。

女士们、先生们、朋友们！

新中国成立 60 多年来特别是改革开放 30 多年来，中国走出了一条成功的发展道路，取得了举世瞩目的发展成就。 中国对未来发展作出了战略部署，明确了奋斗目标，即到 2020 年实现国内生产总值和城乡居民人均收入比 2010 年翻一番，全面建成小康社会；到本世纪中叶建成富强民主文明和谐的社会主义现代化国家，实现中华民族伟大复兴。这是中华民族和中国人民的百年夙愿，也是中国为人类作出更大贡献的必要条件。

　　"功崇惟志，业广惟勤。"我们有信心、有条件、有能力实现我们的奋斗目标。同时，我们也清醒地认识到，中国仍是世界上最大的发展中国家，我们在前进道路上仍然面临不少困难和挑战，要使全体中国人民都过上美好生活，需要付出长期不懈的努力。我们将坚持改革开放不动摇，坚持走中国特色社会主义道路，集中精力把自己的事情办好，不断推进现代化建设，不断提高人民生活水平。

　　中国的发展离不开世界，世界的发展也需要中国。中国将坚定不移走和平发展道路，坚定不移奉行独立自主的和平外交政策，坚定不移奉行互利共赢的开放战略。中国的发展，是世界和平力量的壮大，是传递友谊的正能量，为亚洲和世界带来的是发展机遇而不是威胁。中国愿继续同东盟、同亚洲、同世界分享经济社会发展的机遇。

　　女士们、先生们、朋友们！

　　当前，中国人民正致力于实现中华民族伟大复兴的中国梦，印尼人民也在积极推进经济发展总体规划、谋求民族崛起。为实现我们各自的梦想，双方更需要相互理解、相互支持、携手合作，更需要两国有识之士参与其中，脚踏实地去耕耘、去努力。

　　说到这里，我想起了苏西洛总统创作的一首歌，名字叫《宁静》。那是 2006 年 10 月，苏西洛总统来到中国广西出席中国—东盟建立对话关系 15 周年纪念峰会。会议间隙，他在漓江上产生了创作灵感，提笔写下了一首优美的歌词："快乐的日子，在生命中不断循环，我与伙伴，共同度过那美好时光。"苏西洛总统在中国的山水之间触景生情，想起自己的童年、自己的家乡，说明我们两国人民是心相通、情相近的。

　　国之交在于民相亲。正是有了这样一个个友好使者，架起了一座座友谊桥梁，打开了一扇扇心灵之窗，我们两国人民友谊才得以穿过历史长河、跨越浩瀚大海，历久弥坚，历久弥新。

青年最富有朝气、最富有梦想，青年兴则国家兴，青年强则国家强。青年代表着两国交往的未来和希望。我和苏西洛总统一致同意，两国将扩大并深化人文交流，今后 5 年，双方将每年互派 100 名青年访问对方国家，中国将向印尼提供 1000 个奖学金名额。

我相信，随着越来越多的青年人投身到中国和印尼友好的大潮当中，两国友好交往事业一定会薪火相传、兴旺发达。

女士们、先生们、朋友们!

中国和印尼两国有 16 亿人口，只要我们两国人民手拉手、心连心，就将汇聚起世界四分之一人口的巨大力量，就可以创造人类发展史上新的奇迹。中国人民和印尼人民要携手努力，共同谱写两国关系发展的崭新篇章，开创中国—东盟命运共同体的美好未来，共同为世界和平与发展的崇高事业作出更大贡献。

德里马嘎西! （谢谢!）